Marketing
digitale
2025

Da principiante a esperto

Peter Woodford

Marketing digitale 2025 di Peter Woodford

Informazioni sull'autore

Peter è un distinto imprenditore ed esperto di tecnologia digitale con oltre 20 anni di esperienza alla guida di importanti agenzie digitali a Londra e Singapore. Come fondatore di numerose aziende tecnologiche, ha costantemente guidato l'innovazione e l'eccellenza nel settore digitale.

Specializzato in project management e marketing digitale, Peter unisce il processo decisionale basato sui dati a una comprensione sfumata delle diverse esigenze degli stakeholder. Ha conseguito una laurea triennale in scienze e una certificazione in Project Management e Advanced Analytics. Inventore nel cuore, detiene un brevetto insieme a numerosi design e marchi registrati.

Nel corso della sua carriera, Peter ha gestito lo sviluppo end-to-end di migliaia di siti Web e ha guidato la creazione di vaste campagne pubblicitarie online. La sua profonda competenza e dedizione nel fornire risultati lo hanno reso un'autorità rispettata nel campo della tecnologia digitale.

Peter può essere trovato su:

https://www.digitalfishing.com/

https://www.peterwoodford.com/

https://www.linkedin.com/in/pwoodford/

https://www.patreon.com/peterwoodford

https://www.youtube.com/@peterwoodford

Italiano: https://x.com/peterkwoodford

https://www.tiktok.com/@digitalpeter

https://www.facebook.com/peter.woodford/

https://www.facebook.com/peterwoodfordpage

https://www.amazon.com/author/peterwoodford

https://www.publishersmarketplace.com/members/p woodford/

Descrizione

Nell'attuale era digitale frenetica, il marketing digitale è diventato essenziale per le organizzazioni che vogliono prosperare nel panorama online. Digital Marketing 2025 è una guida concisa ma completa progettata per fornirti le conoscenze e le competenze necessarie per navigare in questo campo dinamico. Che tu Se sei un professionista del marketing, un imprenditore o un aspirante esperto di marketing digitale, questo libro ti fornirà una solida base.

Iniziamo esplorando i concetti fondamentali del marketing digitale e la sua importanza nel panorama aziendale odierno. Acquisirai una chiara comprensione dei vari canali di marketing digitale disponibili e di come possono aiutarti a raggiungere e coinvolgere il tuo pubblico di riferimento. Per valutare la tua comprensione, abbiamo incluso domande a risposta multipla con risposte, che ti consentono di valutare i tuoi progressi.

La Search Engine Optimization (SEO) svolge un ruolo cruciale nel migliorare la visibilità e le classifiche organiche nelle pagine dei risultati dei motori di ricerca. Ci addentriamo nel processo di conduzione della ricerca di parole chiave, ottimizzazione degli elementi on-page e implementazione di strategie off-page efficaci.

La pubblicità Pay-Per-Click (PPC) consente alle aziende di visualizzare annunci mirati e di indirizzare il traffico verso i propri siti Web. In questa sezione, faremo un'analisi approfondita della pubblicità PPC, guidandoti attraverso l'impostazione e la gestione della campagna. Sottolineiamo inoltre l'importanza della ricerca di parole chiave, della creazione di testi pubblicitari, della gestione delle offerte, della pianificazione del budget e della misurazione del successo della campagna.

Il Social Media Marketing ha rivoluzionato il modo in cui le aziende si collegano e interagiscono con il loro pubblico. Esaminiamo varie piattaforme di social media e ti aiutiamo a sviluppare una strategia di social media allineata con i tuoi obiettivi aziendali. Imparerai la creazione di contenuti, le strategie di condivisione, le tecniche per il coinvolgimento dei follower e i metodi per misurare l'impatto dei tuoi sforzi.

Il Content Marketing è uno strumento potente per creare consapevolezza del marchio e coinvolgere il pubblico di riferimento. Forniamo una panoramica del content marketing e ti guidiamo nello sviluppo di una strategia di content marketing completa.

L'Email Marketing rimane un canale di comunicazione altamente efficace e personalizzato.

Questa sezione esplora la creazione di elenchi, la creazione di email efficaci e le tecniche di automazione per la messaggistica personalizzata.

L'Affiliate Marketing offre alle aziende l'opportunità di collaborare con partner che promuovono i loro prodotti o servizi per una commissione. Esploriamo il concetto di affiliate marketing, ti guidiamo nell'impostazione di un programma di affiliazione e forniamo strategie per reclutare e gestire gli affiliati.

Il Mobile Marketing si concentra sull'importanza dei dispositivi mobili nelle strategie di marketing. Ti aiutiamo a sviluppare una strategia di mobile marketing, a creare contenuti adatti ai dispositivi mobili e a utilizzare tecniche di pubblicità mobile.

Web Analytics è fondamentale per misurare il traffico del sito web e il comportamento degli utenti . Forniamo istruzioni dettagliate per impostare gli obiettivi di conversione in Web Analytics, consentendoti di valutare le prestazioni delle tue campagne pubblicitarie e ridurre il costo per conversione.

Using AI in Digital Marketing esplora l'impatto trasformativo dell'AI sul settore del marketing, evidenziandone la capacità di analizzare i dati, personalizzare le campagne e automatizzare le attività. Questo capitolo riguarda analisi predittive, motori di raccomandazione e altro ancora, sottolineando l'equilibrio tra AI e creatività umana per strategie di marketing eccezionali.

Padroneggiando le strategie e le tattiche descritte in questo libro, sarai ben equipaggiato per orientarti nel mondo in continua evoluzione del marketing digitale e raggiungere il successo nell'attuale panorama digitale.

I. Introduzione al marketing digitale

A. Definizione di marketing digitale

Il marketing digitale è un approccio dinamico, innovativo e orientato ai risultati per promuovere prodotti, servizi e marchi attraverso canali digitali. Utilizza le ultime tecnologie e piattaforme per raggiungere e coinvolgere un pubblico mirato e consente alle aziende di connettersi con i propri clienti in modo personalizzato e significativo. Con la sua capacità di fornire risultati misurabili, il marketing digitale è una componente cruciale di qualsiasi strategia di marketing di successo e fornisce un potente strumento per le aziende che cercano di costruire il proprio marchio e guidare la crescita.

B. Importanza del marketing digitale

L'importanza del Digital Marketing non può essere sopravvalutata nell'era digitale odierna, raggiungendo circa $ 1099,33 miliardi entro il 2032 (fonte statistica: https://www.demandsage.com/digital-marketing-statistics/). Con sempre più consumatori che trascorrono tempo online, è diventato un canale cruciale per le azIende per raggiungere e coinvolgere il loro pubblico di riferimento. Il Digital Marketing consente una comunicazione mirata e personalizzata, offrendo alle aziende l'opportunità di costruire relazioni solide e significative con i propri clienti.

Dimensioni del mercato globale del marketing digitale: si prevede che le dimensioni del mercato globale del marketing digitale raggiungeranno circa 1,3 trilioni di dollari entro il 2033, con un tasso di crescita annuale composto del 13,6% per il prossimo decennio. (Fonte statistica:

https://www.hostinger.com/tutorials/digital-marketing-statistics)

Inoltre, il marketing digitale fornisce alle aziende dati e approfondimenti preziosi che possono essere utilizzati per ottimizzare e perfezionare i loro sforzi di marketing. Con la capacità di tracciare e misurare il successo delle campagne, il marketing digitale consente alle aziende di prendere decisioni informate e allocare le risorse in modo efficace.

Inoltre, il marketing digitale livella il campo di gioco per le piccole e snelle aziende, consentendo loro di competere con aziende più grandi e raggiungere un pubblico più ampio a una frazione del costo dei metodi di marketing tradizionali. Con la sua capacità di raggiungere un pubblico globale e fornire risultati in tempo reale, il marketing digitale è essenziale per le aziende che cercano di rimanere al passo con i tempi e avere successo nel frenetico mondo digitale di oggi.

C. Panoramica dei canali di marketing digitale

I canali di Digital Marketing si riferiscono alle varie piattaforme e metodi utilizzati per raggiungere e coinvolgere i clienti online. Alcuni dei canali di Digital Marketing più comunemente utilizzati includono:

1. Ottimizzazione per i motori di ricerca (SEO): ottimizzazione di un sito web per ottenere un posizionamento più alto nelle pagine dei risultati dei motori di ricerca (SERP) attraverso tattiche quali la ricerca di parole chiave, l'ottimizzazione on-page e l'ottimizzazione off-page.

2. Pubblicità Pay-Per-Click (PPC): un tipo di pubblicità in cui le aziende pagano ogni volta che un utente clicca su uno dei loro annunci. Ciò include piattaforme come Google Ads e Bing Ads. (Stat: ogni giorno vengono

effettuate circa 8,5 miliardi di ricerche Google. Fonte della statistica: https://clictadigital.com/how-many-google-searches-per-day-are-there/)

3. Social Media Marketing: utilizzo di piattaforme social come Facebook, Instagram e X (ex Twitter) per creare consapevolezza del marchio, interagire con i clienti e indirizzare il traffico verso un sito Web. (Stat: Facebook ha 2,1 miliardi di utenti attivi al giorno. Fonte statistica: https://www.statista.com/statistics/346167/facebook-global-dau/)

4. Content Marketing: creazione e condivisione di contenuti di valore con l'obiettivo di attrarre e fidelizzare i clienti. Ciò può includere blog, video e altri tipi di contenuti.

5. Email Marketing: invio di messaggi di marketing a un elenco di abbonati tramite e-mail. Ciò può includere newsletter, e-mail promozionali ed e-mail transazionali.

6. Marketing di affiliazione: una strategia di marketing basata sulle prestazioni in cui le aziende collaborano con affiliati che promuovono i loro prodotti o servizi in cambio di una commissione.

7. Marketing mobile: raggiungere i clienti tramite dispositivi mobili tramite tattiche quali pubblicità per dispositivi mobili, contenuti ottimizzati per i dispositivi mobili e marketing tramite app per dispositivi mobili.

8. Web Analytics: monitoraggio e analisi dei dati di un sito web per comprendere il comportamento degli utenti e misurare il successo delle iniziative di marketing.

Questi sono solo alcuni dei tanti canali di Digital Marketing disponibili per le aziende oggi. Ogni canale ha i suoi punti di forza e vantaggi unici, e una strategia di Digital Marketing efficace utilizzerà una combinazione di canali per raggiungere e coinvolgere i clienti nel modo più efficace possibile, che esamineremo più in dettaglio nelle sezioni successive.

D. Definizione degli obiettivi e degli scopi di marketing

Gli obiettivi di marketing sono target specifici, misurabili e vincolati nel tempo che aiutano a raggiungere gli obiettivi di marketing. Esempi di obiettivi di marketing includono:

1. Aumenta il traffico del sito web del 20% nei prossimi 3 mesi attraverso il marketing sui social media e l'ottimizzazione sui motori di ricerca.
2. Migliora la soddisfazione dei clienti del 50% nei prossimi 6 mesi tramite e-mail marketing e contenuti personalizzati.

3. Aumenta il fatturato delle vendite del 10%
    nel prossimo anno tramite pubblicità PPC
    mirate e marketing di affiliazione.

Per stabilire obiettivi e traguardi di marketing efficaci, le aziende devono comprendere il loro pubblico di riferimento, la concorrenza e i propri punti di forza e di debolezza. Dovrebbero anche considerare le risorse e il budget disponibili per gli sforzi di marketing. Una volta stabiliti gli obiettivi e gli scopi, è importante valutarli e modificarli regolarmente secondo necessità per garantire un successo continuo. Diamo un'occhiata a come il budget influirà sulla tua strategia. Diciamo ad esempio che hai solo $ 10 da spendere in annunci al giorno. Non sarai in grado di eseguire 10 campagne separate se il costo previsto per clic è $ 2, puoi eseguire solo un massimo di 5 campagne e anche in quel caso potresti aspettarti solo 1 clic per campagna al giorno. A quel ritmo ci vorrà troppo tempo per ottenere dati utili sufficienti per avere informazioni su come le tue campagne si stanno comportando l'una rispetto all'altra.

Domande del quiz introduttivo

1. Cosa definisce il marketing digitale?
A. Un approccio obsoleto al marketing
B. Strategie di promozione esclusivamente offline
C. Coinvolgimento di un pubblico mirato attraverso canali digitali
D. Concentrarsi esclusivamente sulle piattaforme dei media tradizionali

Risposta: C. Coinvolgimento di un pubblico mirato attraverso canali digitali

2. Perché il marketing digitale è considerato essenziale nel panorama aziendale odierno?
A. A causa della sua dipendenza da tecnologie obsolete

B. Per la sua incapacità di misurare il successo della campagna

C. La sua capacità di fornire risultati misurabili e coinvolgimento personalizzato

D. Portata limitata rispetto ai metodi di marketing tradizionali

Risposta: C. La sua capacità di fornire risultati misurabili e coinvolgimento personalizzato

3. Quale affermazione rappresenta accuratamente l'impatto del marketing digitale sulle piccole imprese?

A. Amplifica il costo del marketing per le aziende più piccole

B. Consente alle aziende più piccole di competere in modo più uniforme con quelle più grandi

C. Limita le piccole imprese al solo targeting del pubblico locale

D. Non offre alcun vantaggio alle piccole imprese

Risposta: B. Permette alle aziende più piccole di competere in modo più equo con quelle più grandi

4. Qual è l'obiettivo principale dell'ottimizzazione per i motori di ricerca (SEO)?
A. Aumento della funzionalità del sito web
B. Aumentare il coinvolgimento sui social media
C. Posizionamento più alto nei risultati dei motori di ricerca
D. Migliorare l'efficacia dell'email marketing

Risposta: C. Posizionamento più alto nei risultati dei motori di ricerca

5. Quale canale di marketing digitale prevede il pagamento in base ai clic degli utenti sugli annunci?
A. Marketing sui social media
B. E-mail marketing
C. Marketing di affiliazione
D. Pubblicità a pagamento per clic (PPC)

Risposta: D. Pubblicità Pay-Per-Click (PPC)

6. Qual è una caratteristica del Content Marketing?

A. Invio di e-mail promozionali

B. Creare contenuti di valore per attrarre e fidelizzare i clienti

C. Analisi del comportamento degli utenti del sito web

D. Monitoraggio delle prestazioni delle app mobili

Risposta: B. Creare contenuti di valore per attrarre e fidelizzare i clienti

7. Come funziona il marketing di affiliazione?

A. Le aziende vendono direttamente i prodotti ai clienti

B. Le aziende collaborano con affiliati per vendere i prodotti dei concorrenti

C. Le aziende collaborano con gli affiliati per promuovere prodotti in cambio di una commissione

D. Gli affiliati pagano le aziende per promuovere i loro prodotti

Risposta: C. Le aziende collaborano con gli affiliati per promuovere i prodotti in cambio di una commissione

II. Ottimizzazione dei motori di ricerca (SEO)

A. Ricerca di parole chiave

La ricerca di parole chiave è un aspetto cruciale della Search Engine Optimization (SEO) in quanto aiuta le aziende a capire quali parole chiave e frasi i potenziali clienti stanno utilizzando per cercare prodotti e servizi simili ai loro. Ottimizzando il contenuto del loro sito Web per queste parole chiave, le aziende possono aumentare la loro visibilità nelle pagine dei risultati dei motori di ricerca (SERP) e indirizzare più traffico organico al loro sito.

La ricerca di parole chiave implica l'identificazione di parole chiave e frasi pertinenti da prendere di mira, nonché l'analisi della loro popolarità, concorrenza e pertinenza rispetto alle offerte di un'azienda. Ciò può essere fatto tramite una varietà di strumenti, come strumenti di ricerca di parole chiave, Google Trends

https://trends.google.com/trends/ , Semrush
https://www.semrush.com/ , Ahrefs
https://ahrefs.com/ e analisi della concorrenza.

Una volta identificate le parole chiave, le aziende possono incorporarle nei contenuti del loro sito web, nei meta tag e negli URL per migliorare il loro posizionamento nei motori di ricerca. È importante notare che il riempimento di parole chiave, o l'uso eccessivo di parole chiave nel tentativo di manipolare i posizionamenti di ricerca, viene penalizzato dai motori di ricerca e può comportare posizionamenti inferiori.

Per essere efficace, la ricerca di parole chiave deve essere un processo continuo, poiché gli algoritmi di ricerca e il comportamento degli utenti sono in continua evoluzione. Inoltre, il numero di concorrenti che fanno offerte per le stesse parole chiave inciderà sul costo per clic della parola chiave e quindi sulle prestazioni. Aggiornamenti e modifiche regolari al contenuto e alla struttura di un sito Web possono aiutare le aziende a rimanere all'avanguardia e a mantenere le proprie classifiche sui motori di ricerca.

B. Ottimizzazione on-page

L'ottimizzazione on-page si riferisce alle tecniche e alle tattiche utilizzate per ottimizzare singole pagine web per ottenere un posizionamento più alto nelle pagine dei risultati dei motori di ricerca (SERP) e attrarre più traffico organico. L'ottimizzazione on-page è una componente importante dell'ottimizzazione per i motori di ricerca (SEO) e può avere un impatto notevole sulle classifiche dei motori di ricerca di un sito web.

Alcuni degli elementi chiave dell'ottimizzazione on-page includono:

1. Tag del titolo: il tag del titolo è un elemento fondamentale poiché indica ai motori di

ricerca di cosa tratta la pagina e appare
come collegamento cliccabile nei risultati di
ricerca.

2. Meta descrizioni: la meta descrizione
   fornisce un breve riepilogo del contenuto
   della pagina e può invogliare gli utenti a
   cliccare sulla pagina nei risultati di ricerca.

3. Tag di intestazione: i tag di intestazione (H1,
   H2, H3, ecc.) aiutano a strutturare il
   contenuto e a comunicarne la gerarchia sia
   agli utenti che ai motori di ricerca.

4. Contenuto: il contenuto della pagina deve
   essere di alta qualità, pertinente e
   ottimizzato per le parole chiave.

5. Struttura dell'URL: l'URL deve essere breve,
   descrittivo e includere parole chiave
   pertinenti.

6. Collegamento interno: il collegamento
   interno ad altre pagine pertinenti del sito web
   può aiutare a migliorare la navigazione e a
   trasferire autorevolezza a tali pagine.

7. Ottimizzazione delle immagini: ottimizzare le immagini utilizzando nomi di file descrittivi e tag alt può aiutare a migliorare il tempo di caricamento e l'accessibilità della pagina.

Oltre a questi elementi, è importante assicurarsi che il sito web sia user-friendly, mobile-responsive e abbia un tempo di caricamento rapido. Aggiornando e ottimizzando regolarmente questi elementi on-page, le aziende possono migliorare il loro posizionamento nei motori di ricerca e attrarre più traffico organico.

C. Ottimizzazione off-page

L'ottimizzazione off-page si riferisce alle tecniche e alle tattiche utilizzate per ottimizzare la presenza e la visibilità di un sito web al di fuori delle sue pagine. L'ottimizzazione off-page è una componente importante della Search Engine Optimization (SEO) in quanto può avere un impatto notevole sulla visibilità e sulle classifiche dei motori di ricerca di un sito web.

Alcuni degli elementi chiave dell'ottimizzazione off-page includono:

1. Link building: il link building comporta l'acquisizione di backlink pertinenti e di alta qualità da altri siti web. I backlink fungono da approvazione del contenuto di un sito web e possono migliorare il suo posizionamento nei motori di ricerca.

2. Social media: avere una forte presenza sulle piattaforme dei social media può aiutare le aziende a entrare in contatto con i clienti, a creare consapevolezza del marchio e ad aumentare il traffico verso il proprio sito web.

3. Directory online: segnalare un sito web a directory online come Yelp, Google My Business e directory specifiche del settore può aiutare a migliorare la visibilità e ad aumentare il traffico.

4. Menzioni del marchio: le menzioni di un marchio su altri siti web, anche se non sono backlink, possono migliorare la visibilità e la notorietà del marchio.
5. Content marketing: il content marketing implica la creazione e la distribuzione di contenuti di valore e pertinenti per attrarre e fidelizzare un pubblico target e guidare le azioni redditizie dei clienti.

L'ottimizzazione off-page è un processo continuo che richiede un attento monitoraggio e analisi per garantire che la presenza e la visibilità di un sito web migliorino costantemente. Concentrandosi sull'ottimizzazione off-page, le aziende possono migliorare il loro posizionamento nei motori di ricerca, aumentare il traffico organico e, in definitiva, aumentare la loro visibilità e il loro successo online.

D. Misurazione del successo SEO

Misurare il successo degli sforzi di Search Engine Optimization (SEO) è fondamentale per garantire che gli investimenti in quest'area producano i risultati desiderati. Tracciando e analizzando le metriche chiave, le aziende possono ottenere informazioni sull'efficacia delle loro strategie SEO e prendere decisioni basate sui dati per migliorarle.

Alcune delle metriche chiave da monitorare per il successo SEO includono:

1. Traffico organico: il traffico organico si riferisce al numero di visitatori di un sito Web che sono arrivati tramite un motore di ricerca. Questa è una delle metriche più importanti da monitorare in quanto indica l'efficacia degli sforzi SEO di un sito Web.

2. Classifica delle parole chiave: monitorare la classifica di un sito web per parole chiave specifiche può aiutare a determinare l'efficacia degli sforzi di ottimizzazione on-page e off-page.

3. Frequenza di rimbalzo: la frequenza di rimbalzo è la percentuale di visitatori che abbandonano un sito Web dopo aver visitato solo una pagina. Una frequenza di rimbalzo elevata può indicare che il contenuto del sito Web non è pertinente o coinvolgente per gli utenti, o forse le risorse multimediali o il contenuto di una fonte esterna impiegano troppo tempo per caricarsi e le persone semplicemente abbandonano, il che può influire sulla classifica del motore di ricerca di un sito.

4. Tasso di conversione: il tasso di conversione è la percentuale di visitatori che compiono un'azione desiderata, come effettuare un acquisto o compilare un modulo. Migliorare il

tasso di conversione può indicare che il contenuto di un sito Web è pertinente e coinvolgente per gli utenti.

5. Tempo sul sito: il tempo sul sito è la quantità media di tempo che un visitatore trascorre su un sito web. Un tempo più lungo sul sito può indicare che il contenuto di un sito web è coinvolgente e pertinente per gli utenti.

6. Profilo backlink: il numero e la qualità dei backlink a un sito web possono avere un impatto sulla sua classifica nei motori di ricerca. Monitorare regolarmente il profilo backlink può aiutare a identificare eventuali cambiamenti negativi e a risolverli. Puoi cercare strumenti di performance come Microsoft Bing Webmaster Tools https://www.bing.com/webmasters o Google Search Console https://search.google.com/search-console/performance/search-analytics .

Monitorando regolarmente queste metriche, le aziende possono acquisire una chiara comprensione dell'efficacia dei loro sforzi SEO e prendere decisioni basate sui dati per migliorarli. Inoltre, è importante adattare e far evolvere continuamente le strategie SEO in base ai cambiamenti negli algoritmi dei motori di ricerca e nel panorama online.

Domande del quiz SEO

1. In che modo la ricerca di parole chiave aiuta principalmente le aziende a raggiungere i propri obiettivi SEO?
A. Aumentare la presenza sui social media
B. Migliorare l'estetica del design del sito web
C. Comprendere il comportamento degli utenti su un sito web
D. Migliorare la visibilità nei risultati dei motori di ricerca

Risposta: D. Migliorare la visibilità nei risultati dei motori di ricerca

2. Quali conseguenze ha il keyword stuffing sul posizionamento di un sito web nei motori di ricerca?
A. Aumenta significativamente il traffico del sito web
B. Migliora il coinvolgimento degli utenti sul sito
C. Penalizzato dai motori di ricerca che porta a classifiche più basse
D. Migliora la credibilità del sito web

Risposta: C. Penalizzato dai motori di ricerca che porta a classifiche più basse

3. Qual è l'obiettivo principale dell'ottimizzazione on-page nella SEO?
A. Potenziamento del profilo backlink
B. Migliorare il coinvolgimento sui social media

C. Migliorare la qualità del contenuto del sito web

D. Posizionamento più alto nei risultati dei motori di ricerca

Risposta: D. Posizionamento più alto nei risultati dei motori di ricerca

4. Quale aspetto NON è un elemento chiave dell'ottimizzazione on-page?

A. Qualità del contenuto

B. Struttura URL

C. Creazione di link esterni

D. Ottimizzazione delle immagini

Risposta: C. Link building esterno

5. Quale tattica di ottimizzazione off-page prevede l'ottenimento di approvazioni per i contenuti di un sito web?

A. Creazione di link

B. Coinvolgimento sui social media

C. Invio di directory online

D. Menzioni del marchio

Risposta: A. Link building

6. In che modo l'ottimizzazione off-page contribuisce al successo di un sito web in termini di SEO?

A. Migliora la velocità di caricamento del sito web

B. Migliora le strutture di collegamento interne

C. Ha un impatto sulla visibilità e sul posizionamento nei motori di ricerca di un sito web Influisce direttamente sulla qualità del contenuto della pagina

Risposta: C. Ha un impatto sulla visibilità e sul posizionamento nei motori di ricerca di un sito web

7. Quanto è importante monitorare il tasso di rimbalzo ai fini SEO?

A. Indica il coinvolgimento dell'utente sui social media

B. Evidenzia l'efficacia della ricerca delle parole chiave

C. Determina la velocità di caricamento del sito web

D. Valuta la pertinenza del contenuto del sito web per gli utenti

Risposta: D. Valuta la pertinenza del contenuto del sito web per gli utenti

8. Quale metrica è fondamentale per comprendere il coinvolgimento dei visitatori su un sito web?
A. Traffico organico
B. Tasso di conversione
C. Classifiche delle parole chiave
D. Tempo trascorso sul sito

Risposta: D. Tempo trascorso sul posto

9. In che modo un profilo backlink influisce sulla SEO di un sito web?

A. Influisce direttamente sulla classifica delle parole chiave

B. Riduce il tempo di caricamento del sito web

C. Può influenzare positivamente il posizionamento nei motori di ricerca

D. Determina il traffico organico del sito web

Risposta: C. Può influenzare positivamente il posizionamento nei motori di ricerca

10. Cosa dovrebbero adattare continuamente le aziende nelle loro strategie SEO?

A. Tecniche di riempimento di parole chiave

B. Analisi della qualità dei backlink

C. Frequenza di ottimizzazione on-page

D. Strategie SEO basate sui cambiamenti degli algoritmi e sulle tendenze online

Risposta: D. Strategie SEO basate sui cambiamenti degli algoritmi e sulle tendenze online

III. Pubblicità a pagamento per clic (PPC)

A. Panoramica della pubblicità PPC

La pubblicità Pay-Per-Click (PPC) è una forma di pubblicità online in cui gli inserzionisti pagano una commissione ogni volta che viene cliccato uno dei loro annunci. La pubblicità PPC consente alle aziende di raggiungere un vasto pubblico in modo rapido ed efficace e può essere un modo molto efficace per guidare il traffico e generare lead.

Nella pubblicità PPC, le aziende creano annunci che vengono visualizzati nelle pagine dei risultati dei motori di ricerca (SERP) o altri siti Web. Quando un utente fa clic su un annuncio, all'inserzionista viene addebitata una commissione, da cui il nome "pay-per-click". Gli inserzionisti fanno offerte sulle parole chiave per cui desiderano che i loro annunci vengano visualizzati e sull'importo che sono disposti a pagare per ogni clic. Gli annunci vengono talvolta classificati in base alla loro pertinenza, all'importo dell'offerta e al punteggio di qualità dell'inserzionista, che tiene conto di fattori quali la pertinenza e la qualità dell'annuncio e della landing page.

La pubblicità PPC offre numerosi vantaggi, tra cui:

1. Risultati rapidi: a differenza della SEO, che può richiedere diversi mesi per vedere i risultati, la pubblicità PPC può produrre risultati rapidamente. Ciò la rende un'ottima opzione per le aziende che cercano di generare lead e generare traffico in un breve lasso di tempo.

2. Pubblico di destinazione: la pubblicità PPC consente alle aziende di rivolgersi a dati demografici, località, browser, dispositivi e parole chiave specifici, il che può aiutare a garantire che i loro annunci raggiungano il pubblico giusto.

3. Conveniente: la pubblicità PPC può essere altamente conveniente in quanto le aziende

pagano solo quando i loro annunci vengono cliccati. Ciò significa che le aziende possono controllare i loro costi pubblicitari e assicurarsi di ottenere un ritorno sul loro investimento.

4. Risultati misurabili: la pubblicità PPC fornisce dati dettagliati e approfondimenti sulle prestazioni degli annunci, semplificando la misurazione dei risultati e l'adeguamento delle campagne in base alle esigenze.

Nel complesso, la pubblicità PPC è una componente preziosa di una strategia di marketing digitale completa. Comprendendo le basi della pubblicità PPC, le aziende possono raggiungere efficacemente il loro pubblico di riferimento, generare lead e aumentare le vendite.

B. Impostazione di una campagna PPC

L'impostazione di una campagna pubblicitaria Pay-Per-Click (PPC) comporta diversi passaggi per garantire il successo della campagna. Di seguito è riportata una panoramica del processo di impostazione di una campagna PPC:

1. Definisci il tuo pubblico di destinazione: determina i dati demografici, le località e gli interessi del tuo pubblico di destinazione per aiutarti a selezionare le parole chiave giuste e raggiungere le persone giuste.

2. Scegli le parole chiave giuste: seleziona parole chiave pertinenti per la tua attività e il tuo pubblico di riferimento. Ciò ti aiuterà a garantire che i tuoi annunci raggiungano le persone giuste e generino i risultati migliori.

3. Crea un testo pubblicitario avvincente: scrivi annunci che catturino l'attenzione e forniscano una chiara proposta di valore per l'utente. Assicurati che il testo sia conciso, pertinente e includa una call-to-action.

4. Imposta il tuo budget: determina il tuo budget per la campagna e assegna i fondi a ciascun gruppo di annunci. Considera il costo per clic, la posizione media e il costo per conversione quando imposti il tuo budget.

5. Scegli la tua piattaforma pubblicitaria: seleziona la piattaforma pubblicitaria più adatta alle tue esigenze, come Google Ads, Bing Ads, Facebook Ads, Outbrain o Taboola. Se utilizzi Google Ads, ti suggerisco di modificare le colonne per parole chiave e campagne: Passaggio 1: nel tuo account Google Ads, fai clic sull'icona Campagne. Passaggio 2: fai clic sul menu a discesa Campagne... Passaggio 3: fai clic sull'icona Colonne... Passaggio 4: seleziona Modifica colonne dal menu a discesa. Passaggio 5: scegli le colonne che desideri nella tua tabella. Colonne suggerite per le campagne: Impr ., Clic, CTR, Costo, CPC

medio, Conversioni, Costo/conv., Tasso di conversione, Tipo di strategia di offerta.

Colonne suggerite per le parole chiave: Tipo di corrispondenza, Impr ., Clic, Costo, CPC medio, Conversioni, Costo/conv., Tasso di conversione, Punteggio di qualità.

Se utilizzi Facebook Ads, ti suggerisco di modificare le colonne. Per personalizzare le colonne in Meta Ads Manager. Passaggio 1: fai clic su Campagne, Set di annunci o Annunci a seconda di cosa desideri aggiornare. Passaggio 2: fai clic sul menu a discesa Colonne e quindi seleziona Personalizza colonne. Passaggio 3: seleziona le colonne che desideri visualizzare. Se desideri salvare questa personalizzazione per riutilizzarla in seguito, seleziona la casella che dice Salva come predefinito. Passaggio 3: fai clic su Applica.

Colonne suggerite: Nome campagna, Consegna, Budget, Risultati, Impressioni,

Clic (tutti), Costo per risultato, Importo speso, Valore di conversione degli acquisti, Aggiunte al carrello, Checkout avviati .

Consigli per la progettazione delle immagini degli annunci di Facebook

https://www.facebook.com/business/ads-guide/update/image

Consigli per la progettazione di video pubblicitari su Facebook

https://www.facebook.com/business/ads-guide/update/video

6. Imposta le tue offerte: determina l'importo massimo che sei disposto a pagare per ogni clic e imposta le tue offerte di conseguenza. Sii consapevole del tuo budget e assicurati che le tue offerte siano impostate in modo da massimizzare il ritorno sull'investimento.

7. Crea landing page: crea landing page pertinenti ai tuoi annunci e fornisci un chiaro invito all'azione per l'utente. Assicurati che le pagine si carichino rapidamente e siano

ottimizzate per i dispositivi mobili. Se il tuo
sito reindirizza a HTTPS, allora usa quel link
HTTPS come URL di destinazione, prendi in
considerazione anche l'aggiunta di parametri
URL, consulta Campaign URL Builder Tool
https://ga-dev-tools.google/ga4/campaign-
url-builder .

8. Lancia la tua campagna: lancia la tua
   campagna e monitorala regolarmente per
   assicurarti che funzioni come previsto.
   Apporta le modifiche necessarie per
   ottimizzare le tue campagne e massimizzare
   il ritorno sull'investimento.

Impostare una campagna PPC di successo
richiede un'attenta pianificazione e monitoraggio.
Seguendo questi passaggi, le aziende possono
garantire che le loro campagne PPC siano efficaci,
efficienti e generino i migliori risultati possibili.

C. Ricerca di parole chiave per PPC

La ricerca di parole chiave è una parte essenziale della pubblicità Pay-Per-Click (PPC), in quanto ti aiuta a determinare quali parole chiave e frasi usare come target nelle tue campagne. Targeting delle parole chiave giuste, puoi assicurarti che i tuoi annunci raggiungano le persone giuste e generino i risultati migliori.

Di seguito è riportata una panoramica del processo di ricerca delle parole chiave per la pubblicità PPC:

1. Determina il tuo pubblico di destinazione: comprendi i dati demografici, le posizioni e gli interessi del tuo pubblico di destinazione per aiutarti a selezionare le parole chiave giuste e raggiungere le persone giuste. Se non sei sicuro, inizia in modo ampio, ad esempio a livello globale, quindi esegui alcune campagne di prova iniziali e concentrati sui migliori Paesi Geo dopo aver

ottenuto alcuni dati per vedere quali Paesi hanno prestazioni elevate.

2. Identificare parole chiave pertinenti: utilizzare strumenti di ricerca per parole chiave, come Google Keyword Planner, per identificare parole chiave pertinenti per la tua attività e il tuo pubblico di riferimento. Considerare il volume di ricerca, il livello di concorrenza e il costo per clic per ogni parola chiave.

3. Raggruppa le parole chiave in gruppi di annunci: organizza le tue parole chiave in gruppi in base alla loro pertinenza e tema. Questo ti aiuterà a indirizzare i tuoi annunci in modo più efficace e a garantire che le tue campagne siano più organizzate e gestibili.

4. Abbina le parole chiave al testo dell'annuncio: assicurati che il testo dell'annuncio sia pertinente alle parole chiave che stai prendendo di mira. Ciò ti aiuterà a garantire che i tuoi annunci siano

pertinenti per l'utente e generino i risultati migliori.

5. Monitora e modifica le tue parole chiave: monitora regolarmente le tue parole chiave per vedere quali hanno un buon rendimento e quali devono essere modificate o rimosse. Apporta modifiche alle tue parole chiave in base alle necessità per ottimizzare le tue campagne e massimizzare il ritorno sull'investimento.

Secondo Google, le parole chiave sono parole o frasi utilizzate per abbinare gli annunci ai termini che le persone stanno cercando. I tipi di corrispondenza delle parole chiave stabiliscono quanto la parola chiave deve corrispondere alla query di ricerca dell'utente affinché l'annuncio possa essere preso in considerazione per l'asta. Ad esempio, puoi usare la corrispondenza generica per servire il tuo annuncio su una più ampia varietà di ricerche degli utenti oppure puoi usare la corrispondenza esatta per concentrarti su ricerche specifiche degli utenti.

Corrispondenza generica: gli annunci possono essere visualizzati su ricerche correlate alla tua parola chiave, che possono includere ricerche che non contengono il significato diretto delle tue parole chiave. Questo ti aiuta ad attrarre più visitatori sul tuo sito web, a dedicare meno tempo alla creazione di elenchi di parole chiave e a concentrare la tua spesa su parole chiave che funzionano. La corrispondenza generica è il tipo di corrispondenza predefinito assegnato a tutte le tue parole chiave perché è il più completo. Ciò significa che non devi specificare un altro tipo di corrispondenza (come la corrispondenza esatta o la corrispondenza di frase).

Corrispondenza di frase: gli annunci possono essere visualizzati su ricerche che includono il significato della tua parola chiave. Il significato della parola chiave può essere implicito e le ricerche degli utenti possono essere una forma più specifica del significato. Con la corrispondenza di frase, puoi raggiungere più ricerche rispetto alla corrispondenza esatta e meno ricerche rispetto alla corrispondenza generica, mostrando i tuoi annunci solo sulle ricerche che includono il tuo prodotto o servizio.

Corrispondenza esatta: gli annunci possono essere visualizzati su ricerche che hanno lo stesso significato o lo stesso intento della parola chiave. Delle 3 opzioni di corrispondenza delle parole chiave, la corrispondenza esatta ti offre la massima guida su chi visualizza il tuo annuncio, ma raggiunge meno ricerche rispetto sia alla corrispondenza a frase che a quella generica.

Conducendo una ricerca approfondita delle parole chiave, le aziende possono garantire che le loro campagne PPC siano mirate, efficaci e generino i migliori risultati possibili. La ricerca delle parole chiave aiuta le aziende a raggiungere le persone giuste con il messaggio giusto ed è una parte essenziale di una strategia pubblicitaria PPC di successo.

D. Creazione di testi pubblicitari e landing page

La creazione di testi pubblicitari e landing page è un passaggio importante nel processo di pubblicità Pay-Per-Click (PPC). Questi elementi sono essenziali per garantire che i tuoi annunci siano pertinenti, coinvolgenti ed efficaci nel generare conversioni.

Di seguito è riportata una panoramica del processo di creazione di testi pubblicitari e landing page per la pubblicità PPC:

1. Scrivi un testo pubblicitario avvincente: scrivi un testo pubblicitario che comunichi chiaramente la proposta di valore del tuo

prodotto o servizio e che sia pertinente alle parole chiave che stai prendendo di mira. Mantieni il testo pubblicitario breve, semplice e diretto e usa frasi di invito all'azione efficaci. Un errore che le persone commettono spesso quando creano micrositi di campagne è non avere abbastanza testo sul sito e questo può abbassare il punteggio di qualità delle parole chiave in Google Ads, il che si traduce in un costo per clic più elevato, quindi poiché stai pagando di più per i tuoi clic ne otterrai di meno e alla fine otterrai conversioni inferiori.

2. Crea una landing page: la tua landing page dovrebbe essere pertinente alle parole chiave e al testo dell'annuncio che stai utilizzando e dovrebbe essere progettata per convertire i visitatori in clienti. La tua landing page dovrebbe includere chiare call-to-action, immagini e video di alta qualità e

informazioni pertinenti sul tuo prodotto o servizio.

3. Ottimizza gli elementi della landing page: assicurati che gli elementi della landing page, come il titolo, il corpo del testo e le immagini, siano ottimizzati per i motori di ricerca e per il coinvolgimento degli utenti. Utilizza un testo persuasivo e immagini accattivanti per invogliare i visitatori a compiere un'azione.

4. Prova e perfeziona: testa e perfeziona regolarmente il testo dell'annuncio e le landing page per vedere cosa funziona meglio. Prova diverse varianti del testo dell'annuncio, design delle landing page e call-to-action per vedere cosa risuona con il tuo pubblico di destinazione e genera i risultati migliori.

Creare testi pubblicitari e landing page efficaci è fondamentale per il successo delle tue campagne

PPC. Creando testi pubblicitari accattivanti e progettando landing page efficaci, le aziende possono ottenere più clic, generare più conversioni e ottenere un ritorno sull'investimento migliore dai loro sforzi pubblicitari PPC.

E. Gestione delle offerte e pianificazione del budget

La gestione delle offerte e la pianificazione del budget sono due elementi cruciali della pubblicità Pay-Per-Click (PPC). Questi elementi aiutano le aziende a garantire che sfruttino al meglio il loro budget pubblicitario, ottenendo al contempo i migliori risultati possibili dalle loro campagne.

Di seguito una panoramica della gestione delle offerte e della pianificazione del budget nella pubblicità PPC:

1. Gestione delle offerte: la gestione delle offerte comporta l'impostazione e la

regolazione dell'importo massimo che sei disposto a pagare per un clic sul tuo annuncio. L'importo di offerta corretto può aiutarti a far arrivare i tuoi annunci al pubblico giusto, massimizzando al contempo il ritorno sull'investimento.

2. Pianificazione del budget: la pianificazione del budget è il processo che determina quanto sei disposto a spendere per le tue campagne PPC e come distribuirai tale budget tra le tue diverse campagne e canali pubblicitari.

3. Impostazione di un budget giornaliero: impostare un budget giornaliero per le tue campagne PPC ti aiuta a controllare le tue spese ed evitare di spendere troppo. Il tuo budget giornaliero dovrebbe essere basato sul tuo budget pubblicitario complessivo e dovrebbe essere impostato abbastanza alto da garantire che i tuoi annunci ricevano la massima esposizione possibile.

4. Ricerca e targeting delle parole chiave: per massimizzare l'efficacia delle tue campagne PPC, è importante indirizzare le parole chiave giuste e concentrare le tue campagne sulle parole chiave più redditizie. La ricerca delle parole chiave può aiutarti a determinare quali parole chiave sono più pertinenti per il tuo pubblico di destinazione e hanno maggiori probabilità di generare i risultati migliori. Come regola generale, le parole chiave di targeting esatte come [marketing digitale] otterranno meno impressioni e clic rispetto alle parole chiave "frase" o broadmatch .

5. Ottimizzazione continua: la gestione delle offerte e la pianificazione del budget sono processi in corso che richiedono un'ottimizzazione continua. Rivedi e modifica regolarmente le tue offerte, i tuoi budget e le tue strategie di targeting per assicurarti di

ottenere i migliori risultati possibili dalle tue campagne PPC.

Grazie alla gestione efficace delle offerte e alla pianificazione dei budget, le aziende possono ottenere risultati migliori dai loro sforzi pubblicitari PPC, controllando al contempo le spese e massimizzando il ritorno sull'investimento.

F. Misurazione del successo PPC

Misurare il successo di una campagna pubblicitaria Pay-Per-Click (PPC) è essenziale per garantire che la campagna stia producendo i risultati desiderati e per prendere decisioni informate sulle campagne future. Di seguito è riportata una panoramica della misurazione del successo PPC:

1. Indicatori chiave di prestazione (KPI): i KPI sono metriche che ti aiutano a valutare il successo delle tue campagne PPC. I KPI

comuni includono costo per clic (CPC), tasso di clic (CTR), tasso di conversione e ritorno sulla spesa pubblicitaria (ROAS), ma il costo per conversione dovrebbe essere l'obiettivo principale per le aziende di e-commerce.

2. Monitoraggio delle conversioni: il monitoraggio delle conversioni ti consente di misurare il numero di conversioni, o azioni desiderate, generate dalle tue campagne PPC. Queste informazioni possono aiutarti a determinare il successo complessivo delle tue campagne e il ritorno sull'investimento.

3. Test A/B: il test A/B consiste nel confrontare due versioni di un annuncio o di una landing page per determinare quale versione è più efficace. Questo può aiutarti a migliorare le prestazioni delle tue campagne e a ottenere risultati migliori.

4. Strumenti di analisi: Strumenti di analisi, come Google Analytics https://analytics.google.com o Hotjar

https://www.hotjar.com , o Piwik PRO https://piwik.pro/ , fornisce informazioni dettagliate sulle prestazioni delle tue campagne PPC. Questi strumenti possono aiutarti a tracciare e analizzare metriche chiave, come traffico, conversioni obiettivo e ROAS, per determinare il successo complessivo delle tue campagne.

5. Reporting e analisi regolari: reporting e analisi regolari sono essenziali per misurare il successo del PPC. Ciò include la revisione regolare dei KPI (ad esempio costo per conversione) e l'adozione di decisioni basate sui dati su come ottimizzare le campagne per ottenere risultati migliori.

Misurando il successo del PPC e ottimizzando costantemente le campagne, le aziende possono garantire che i loro sforzi PPC stiano producendo i migliori risultati possibili e che stiano prendendo decisioni informate sulle campagne future. Il ROAS, o ritorno sulla spesa pubblicitaria, è una metrica critica nel marketing digitale. Si calcola dividendo i ricavi attribuiti agli annunci per il costo di tali annunci, quindi moltiplicando per 100. Ad esempio, se una campagna pubblicitaria da $ 1000 produce $ 3000 di ricavi, il ROAS è 3, il che indica un risultato altamente favorevole . Questa metrica è fondamentale per ottimizzare le strategie pubblicitarie e garantire la massima redditività.

Domande del quiz PPC

1. Qual è la struttura di pagamento principale nella pubblicità Pay-Per-Click (PPC)?
A. Canoni di abbonamento mensili
B. Pagamento in base alle impressioni
C. Una tariffa per visualizzazione dell'annuncio
D. Pagamento per ogni annuncio cliccato

Risposta: D. Pagamento per ogni annuncio cliccato

2. Quale ruolo gioca la pertinenza degli annunci nella pubblicità PPC?

A. Determina l'attrattiva visiva dell'annuncio

B. Determina la frequenza di visualizzazione degli annunci

C. Influenza il costo per clic (CPC)

D. Influisce sulla posizione dell'annuncio su una pagina web

Risposta: C. Influenza il costo per clic (CPC)

3. Qual è lo scopo della creazione di gruppi di annunci in una campagna PPC?

A. Per organizzare i posizionamenti degli annunci sulle pagine web

B. Per assegnare budget pubblicitari diversi per ogni gruppo

C. Per segmentare le parole chiave in base alla pertinenza

D. Per impostare importi di offerta individuali per ciascun gruppo

Risposta: C. Per segmentare le parole chiave in base alla pertinenza

4. In che modo la gestione delle offerte influisce sulla pubblicità PPC?
A. Determina il numero di annunci visualizzati
B. Influisce direttamente sui punteggi di qualità degli annunci
C. Stabilisce il design visivo dell'annuncio
D. Imposta il pagamento massimo per i clic sugli annunci

Risposta: D. Imposta il pagamento massimo per i clic sugli annunci

5. Qual è l'importanza dei test A/B nelle campagne PPC?

A. Monitoraggio delle prestazioni degli annunci in tempo reale

B. Segmentazione del pubblico in base al comportamento

C. Confronto di due versioni di un annuncio o di una landing page

D. Monitoraggio delle conversioni su diverse piattaforme

Risposta: C. Confrontare due versioni di un annuncio o di una landing page

6. In che modo il monitoraggio delle conversioni avvantaggia le campagne PPC?

A. Misura il coinvolgimento del pubblico con gli annunci

B. Determina il numero di clic su un annuncio

C. Valuta l'efficacia del design dell'annuncio

D. Misura il successo delle azioni generate dagli annunci

Risposta: D. Misura il successo delle azioni generate dagli annunci

7. Quale elemento NON fa parte della configurazione di una campagna PPC?
A. Creazione di testi pubblicitari
B. Definizione del pubblico di destinazione
C. Identificazione delle parole chiave rilevanti
D. Creazione di link interni al sito web

Risposta: D. Creazione di link interni al sito web

8. Perché la misurazione del ritorno sulla spesa pubblicitaria (ROAS) è fondamentale nella pubblicità PPC?
A. Determina la velocità di caricamento del sito web
B. Valuta il tasso di clic dell'annuncio
C. Valuta l'attrattiva visiva dell'annuncio
D. Ottimizza le strategie pubblicitarie per la redditività

Risposta: D. Ottimizza le strategie pubblicitarie per la redditività

9. Cosa aiuta principalmente a controllare un budget giornaliero nelle campagne PPC?
A. Il numero di parole chiave utilizzate
B. La frequenza di visualizzazione degli annunci
C. L'importo speso per ogni clic sull'annuncio
D. I limiti di spesa complessivi della campagna

Risposta: D. I limiti di spesa complessivi della campagna

IV. Marketing sui social media

A. Panoramica delle piattaforme di social media

Le piattaforme di social media sono comunità online in cui le persone possono condividere informazioni, interagire con gli altri ed esprimere le proprie opinioni. Nel marketing digitale, le piattaforme di social media sono spesso utilizzate per promuovere prodotti, servizi e brand awareness. Di seguito una panoramica delle piattaforme di social media più diffuse:

1. Facebook: Facebook è la più grande piattaforma di social media con oltre 2 miliardi di utenti attivi al mese. È una piattaforma in cui le persone possono connettersi con gli amici, condividere contenuti e unirsi a gruppi correlati ai propri interessi. Nota amichevole, se sei l'amministratore della tua pagina Facebook, assicurati di aggiungere un altro amico come amministratore nel caso in cui venissi

bloccato fuori dal tuo account.

https://www.facebook.com/

2. X (in precedenza Twitter): X è una piattaforma di microblogging che consente agli utenti di condividere brevi messaggi, o "tweet", con i propri follower. X è ampiamente utilizzato dalle aziende per promuovere prodotti, interagire con i clienti e condividere notizie e aggiornamenti.

https://x.com

3. Instagram: Instagram è una piattaforma visuale in cui gli utenti possono condividere foto e brevi video con i propri follower. È particolarmente popolare tra le aziende nei settori della moda, della bellezza e dello stile di vita. Italiano: https://www.instagram.com

4. LinkedIn: LinkedIn è una piattaforma di networking professionale utilizzata dalle aziende per connettersi con altre aziende e professionisti. È una piattaforma per le aziende per promuovere i propri prodotti e

servizi e per reclutare nuovi dipendenti. https://www.linkedin.com/

5. YouTube: YouTube è una piattaforma di condivisione video in cui gli utenti possono caricare, condividere e visualizzare video. È ampiamente utilizzata dalle aziende per promuovere i propri prodotti e servizi tramite il video marketing. https://www.youtube.com/

6. Pinterest: Pinterest è una piattaforma di scoperta visiva e bookmarking in cui gli utenti possono salvare e condividere immagini e idee correlate ai propri interessi. È ampiamente utilizzata dalle aziende nei settori della moda, della bellezza e dell'arredamento. https://www.pinterest.com/

7. TikTok. Unisciti ai milioni di spettatori che scoprono contenuti e creatori su TikTok, disponibili sul web o sul tuo dispositivo mobile. https://www.tiktok.com

Questi sono solo alcuni esempi delle numerose piattaforme di social media disponibili oggi. Nel marketing digitale, è importante scegliere le piattaforme giuste che sono più pertinenti al tuo pubblico di riferimento e agli obiettivi aziendali.

B. Sviluppo di una strategia per i social media

Sviluppare una strategia per i social media è un passaggio essenziale per massimizzare i vantaggi del marketing sui social media. Una strategia per i social media dovrebbe delineare gli obiettivi e gli scopi della tua presenza sui social media, determinare il tuo pubblico di riferimento e identificare le piattaforme e i contenuti che coinvolgeranno al meglio il tuo pubblico. Ecco i passaggi chiave per sviluppare una strategia per i social media:

1. Definisci i tuoi obiettivi e scopi: inizia definendo cosa vuoi ottenere con la tua

presenza sui social media. Questo potrebbe includere l'aumento della brand awareness, l'indirizzamento del traffico verso il tuo sito web, la generazione di lead o il miglioramento del coinvolgimento dei clienti.

2. Identifica il tuo pubblico di riferimento: chi è il tuo cliente ideale e quali sono le sue esigenze e preferenze? Comprendere il tuo pubblico di riferimento ti aiuterà a scegliere le piattaforme giuste e a creare contenuti che risuonino con loro.

3. Scegli le piattaforme giuste: non tutte le piattaforme di social media sono uguali. Scegli piattaforme che siano pertinenti al tuo pubblico di riferimento e ai tuoi obiettivi aziendali. Ad esempio, se il tuo pubblico di riferimento è B2B, LinkedIn potrebbe essere la piattaforma migliore per te.

4. Crea un calendario dei contenuti: pianifica il tipo di contenuto che pubblicherai sui social media e la frequenza dei tuoi post. Ciò ti

aiuterà a garantire un flusso di contenuti costante e a ridurre la pressione di dover trovare nuove idee ogni giorno.

5. Interagisci con il tuo pubblico: i social media sono una conversazione bidirezionale. Incoraggia i tuoi follower a interagire con te rispondendo ai commenti, organizzando concorsi e chiedendo feedback. Punta a ottenere condivisioni, non Mi piace, perché le condivisioni aumenteranno il numero totale di visualizzazioni del tuo post, perché chiunque condivida mette il tuo post di fronte ai propri follower.

6. Misura e adatta: misura regolarmente i risultati dei tuoi sforzi sui social media e adatta la tua strategia secondo necessità. Questo ti aiuterà a capire cosa funziona e cosa no, e a prendere decisioni informate su come ottimizzare la tua presenza sui social media.

7. Risparmia tempo utilizzando l'intelligenza artificiale per automatizzare i post; questo argomento è trattato più in dettaglio nella sezione "Utilizzo dell'intelligenza artificiale nel marketing digitale".

Seguendo questi passaggi, puoi sviluppare una strategia per i social media in linea con i tuoi obiettivi aziendali e che ti aiuti a interagire in modo efficace con il tuo pubblico di riferimento sui social media.

C. Creazione e condivisione di contenuti

Creare e condividere contenuti è un aspetto cruciale del marketing sui social media. Il contenuto giusto può aiutare a creare consapevolezza del marchio, coinvolgere il tuo pubblico di riferimento e indirizzare il traffico verso il tuo sito web. Ecco alcuni suggerimenti per creare e condividere contenuti efficaci sui social media:

1. Conosci il tuo pubblico: inizia comprendendo il tuo pubblico di riferimento e che tipo di contenuto sta cercando. Questo ti aiuterà a creare contenuti che risuonano con loro e che rispondono alle loro esigenze e ai loro interessi.

2. Crea una varietà di contenuti: mescola i tipi di contenuti che condividi sui social media. Questo potrebbe includere post basati su testo, immagini, video, infografiche e altro. Questa varietà manterrà il tuo pubblico coinvolto e ridurrà la probabilità di noia.

3. Usa elementi visivi: i contenuti visivi sono più coinvolgenti di quelli basati sul testo. Usa immagini, video e infografiche per suddividere il testo e rendere i tuoi contenuti più interessanti e visivamente accattivanti.

4. Usa lo storytelling: le persone sono naturalmente attratte dalle storie e raccontarle attraverso i tuoi contenuti può aiutarti a renderle più memorabili e

d'impatto. Che tu stia condividendo una storia personale o mostrando una testimonianza di un cliente, lo storytelling può aiutarti a entrare in contatto con il tuo pubblico e a costruire la fedeltà al marchio.

5. Ottimizza per ogni piattaforma: diverse piattaforme di social media hanno requisiti diversi per le dimensioni e il formato di immagini e video. Assicurati di ottimizzare i tuoi contenuti per ogni piattaforma per garantire che vengano visualizzati correttamente e che abbiano il miglior aspetto possibile.

6. Promuovi contenuti generati dagli utenti: incoraggia i tuoi follower a condividere i propri contenuti correlati al tuo marchio. Ciò potrebbe includere la condivisione di foto, esperienze o pensieri sui tuoi prodotti o servizi.

7. Misura e regola: misura regolarmente le prestazioni dei tuoi contenuti e apporta le

modifiche necessarie. Questo ti aiuterà a capire che tipo di contenuto risuona con il tuo pubblico e che tipo di contenuto non lo fa, e a prendere decisioni informate su quali contenuti creare e condividere in futuro.

Seguendo questi suggerimenti, puoi creare e condividere contenuti che coinvolgono in modo efficace il tuo pubblico di riferimento e supportano i tuoi obiettivi di marketing sui social media.

D. Coinvolgimento dei follower

L'interazione con i follower è un aspetto importante su cui concentrarsi. L'interazione si riferisce al processo di interazione e risposta al tuo pubblico sulle piattaforme dei social media. Ciò può essere fatto tramite una varietà di metodi come commenti, Mi piace, condivisioni, retweet e messaggi diretti.

L'obiettivo dell'engagement è creare una connessione significativa con i tuoi follower, costruire la fedeltà al marchio e aumentare la tua portata sui social media. È importante ascoltare il tuo pubblico, rispondere ai suoi commenti e alle sue domande il più velocemente possibile e partecipare attivamente alle conversazioni online relative al tuo marchio.

Interagendo con i tuoi follower, puoi creare una comunicazione bidirezionale e stabilire una forte connessione personale con il tuo pubblico. Questo può aiutarti ad aumentare la consapevolezza del marchio, a indirizzare il traffico verso il tuo sito Web e a migliorare le tue prestazioni sui social media nel tempo.

E. Misurazione del successo dei social media

Misurare il successo dei tuoi sforzi sui social media è un aspetto importante su cui concentrarsi. Per capire se i tuoi sforzi sui social media stanno dando risultati, devi stabilire metriche e obiettivi chiari e monitorare le tue prestazioni nel tempo.

Esistono diverse metriche che puoi utilizzare per misurare il successo del tuo marketing sui social media, tra cui:

1. Tassi di coinvolgimento: includono Mi piace, commenti, condivisioni, retweet e altre forme di interazione con i tuoi contenuti.
2. Follower: tieni traccia del numero di follower che hai su ogni piattaforma e monitora la crescita nel tempo.
3. Traffico: monitora il numero di clic dai tuoi profili social al tuo sito web e verifica se aumenta.
4. Generazione di lead: monitora il numero di lead generati dalle tue attività sui social media, come le iscrizioni via e-mail o l'invio di moduli di contatto.

5. Vendite: monitora il numero di vendite o conversioni generate dai tuoi profili sui social media.

Monitorando e analizzando regolarmente queste metriche, puoi identificare quale fonte e mezzo funziona bene e cosa necessita di miglioramento, e prendere decisioni basate sui dati per ottimizzare i tuoi sforzi di marketing sui social media. È importante stabilire obiettivi e parametri di riferimento realistici, e monitorare e analizzare costantemente le tue prestazioni per migliorare continuamente i tuoi risultati nel tempo.

Domande del quiz sul marketing dei social media

1. Quale piattaforma è particolarmente popolare tra le aziende nei settori della moda, della bellezza e dello stile di vita?
A. LinkedIn
B. X (in precedenza Twitter)

C.Instagram

D. Facebook

Risposta: C. Instagram

2. Qual è la funzione principale dello sviluppo di una strategia sui social media?

A. Aumentare il numero di follower

B. Determinare la piattaforma più utilizzata

C. Delineare gli obiettivi e coinvolgere tutti gli utenti

D. Allineare la presenza sui social media con gli obiettivi aziendali

Risposta: D. Allineare la presenza sui social media con gli obiettivi aziendali

3. Quale fase della strategia sui social media prevede la pianificazione della frequenza e del tipo di contenuti?

A. Definizione di obiettivi e traguardi

B. Coinvolgimento del pubblico

C. Creazione di un calendario dei contenuti

D. Misurazione e regolazione

Risposta: C. Creazione di un calendario dei contenuti

4. Perché i contenuti generati dagli utenti vengono promossi nel marketing sui social media?

A. Aumenta i costi pubblicitari

B. Riduce la necessità di creare contenuti originali

C. Coinvolge il pubblico e aumenta le visualizzazioni totali

D. Migliora le ottimizzazioni specifiche della piattaforma

Risposta: C. Coinvolge il pubblico e aumenta le visualizzazioni totali

5. Quale aspetto della creazione di contenuti NON viene enfatizzato nel marketing sui social media?

A. Utilizzo di vari tipi di contenuto

B. Raccontare storie coinvolgenti

C. Personalizzazione dei messaggi per ogni follower

D. Ottimizzazione dei contenuti per ogni piattaforma

Risposta: C. Personalizzazione dei messaggi per ogni follower

6. Cosa definisce l'impegno nel marketing sui social media?

A. Il numero di Mi piace su un post

B. La frequenza di condivisione dei contenuti

C. Interazione e risposta con il pubblico

D. Il numero di follower guadagnati settimanalmente

Risposta: C. Interazione e risposta con il pubblico

7. Quale metrica viene utilizzata per monitorare il numero di clic dai social media a un sito web?

A. Tassi di coinvolgimento

B. Numero di follower

C. Traffico

D. Generazione di lead

Risposta: C. Traffico

8. Quale piattaforma di social media è principalmente nota per il microblogging?

A. Instagram

B. LinkedIn

C. X (in precedenza Twitter)

D. YouTube

Risposta: C. X (ex Twitter)

9. Qual è lo scopo principale della misurazione del successo sui social media?

A. Per aumentare il numero di follower

B. Per monitorare i tassi di coinvolgimento mensili

C. Per allinearsi agli obiettivi aziendali

D. Per indirizzare il traffico esclusivamente attraverso i social media

Risposta: C. Per allinearsi agli obiettivi aziendali

10. Cosa dovrebbe puntare a stabilire con il pubblico una strategia di social media?
A. Un legame personale
B. Una comunicazione unidirezionale
C. Una relazione focalizzata sul business
D. Un'interazione specifica della piattaforma

Risposta: A. Un legame personale

V. Marketing dei contenuti

A. Panoramica del Content Marketing

Il Content Marketing è una strategia che prevede la creazione e la condivisione di contenuti di valore, pertinenti e coerenti con l'obiettivo di attrarre e fidelizzare un pubblico target specifico e, in ultima analisi, guidare le azioni redditizie dei clienti.

Questo tipo di marketing sfrutta varie forme di contenuto, come post di blog, articoli, infografiche, podcast, video e altro ancora, per coinvolgere il tuo pubblico di riferimento e creare fiducia con esso nel tempo. Fornendo informazioni preziose e risolvendo problemi per il tuo pubblico, puoi stabilire il tuo marchio come leader di pensiero nel tuo settore e posizionarti come una risorsa affidabile per i tuoi clienti.

Oltre a creare fiducia e credibilità con il tuo pubblico, il content marketing può anche indirizzare traffico verso il tuo sito web, aumentare la visibilità sui motori di ricerca e generare lead e vendite per la tua attività. È un modo efficace per entrare in contatto con il tuo pubblico e comunicare il valore del tuo marchio in un modo che sia informativo e piacevole per i tuoi clienti.

Incorporando una solida strategia di content marketing nel tuo piano generale di marketing digitale, puoi creare una relazione duratura e preziosa con il tuo pubblico e vedere un impatto significativo sui tuoi profitti.

B. Strategia di marketing dei contenuti

Le strategie di content marketing che dovresti prendere in considerazione includono:

1. Blogging: creazione e pubblicazione di post di blog su base regolare per istruire e informare il pubblico di destinazione. Metà dei marketer utilizza video, con il 47% che

sfrutta le immagini, seguito dal 33% che pubblica articoli di blog, infografiche (30%) e podcast o altri contenuti audio (28%). (Fonte statistica: HubSpot Blog's 2024 Marketing Strategy & Trends Report https://blog.hubspot.com/marketing/hubspot-blog-marketing-industry-trends-report)

2. Infografica: rappresentazione visiva di informazioni o dati in formato grafico per rendere facilmente comprensibili idee complesse.

3. E-book e whitepaper: contenuti estesi che forniscono informazioni approfondite su un argomento specifico.

4. Casi di studio: esame dettagliato di un caso o di un'istanza specifica per dimostrare in che modo un prodotto o un servizio ha risolto un problema per un cliente.

5. Contenuti video: utilizzare i video per condividere informazioni, raccontare storie o mostrare prodotti e servizi.

6. Webinar: presentazioni online che istruiscono e informano il pubblico di riferimento in tempo reale.

7. Contenuti per i social media: creazione e condivisione di contenuti sulle piattaforme dei social media per coinvolgere il pubblico di destinazione e indirizzare il traffico verso un sito web.

8. Podcast: sapevi che quasi la metà degli ascoltatori di podcast sceglie di saltare le pubblicità (Fonte statistica: https://www.marketingweek.com/podcast-ad-avoidance/)

9. Email Marketing: invio regolare di email agli abbonati per istruire, informare e costruire relazioni.

10. Streaming live: video chat

Ecco alcune delle strategie di content marketing più diffuse, utili per capire come creare e distribuire contenuti in modo efficace per raggiungere e coinvolgere il pubblico di riferimento.

C. Creare e condividere contenuti di valore

Creare e condividere contenuti di valore è un aspetto essenziale per coinvolgere il tuo pubblico di riferimento e creare fiducia. Il contenuto dovrebbe essere educativo, informativo e pertinente agli interessi del tuo pubblico. Alcuni formati di contenuto da considerare includono post di blog, infografiche, video, e-book, case study e altro. Per garantire il massimo impatto, il contenuto dovrebbe essere ben studiato, visivamente accattivante e ottimizzato per i motori di ricerca. È anche importante condividere i tuoi contenuti su vari canali per raggiungere un pubblico più ampio, inclusi il tuo sito web, i social media e l'email marketing. L'obiettivo della creazione e della condivisione di contenuti di valore è quello di stabilire il tuo marchio come leader di pensiero del settore e guidare coinvolgimento, lead e conversioni. Regola generale per provare ad avere questi elementi al loro posto: titolo, immagine, testo dettagliato, invito all'azione (link).

D. Misurazione del successo del content marketing

Misurare il successo e il fallimento dei tuoi sforzi di content marketing è fondamentale per capire cosa funziona e cosa no, e per prendere decisioni basate sui dati statistici per le strategie future. Ecco alcune metriche che puoi usare per valutare l'efficacia del tuo content marketing:

1. Traffico: traccia il numero di visitatori del tuo sito web, blog o app e analizza da dove provengono. Questo ti darà un'idea di quale contenuto sorgente sta generando più traffico.
2. Coinvolgimento: misura il coinvolgimento monitorando parametri quali tempo sul sito,

numero di commenti, condivisioni sui social media e Mi piace. Questo ti darà un'idea di quanto il tuo contenuto stia risuonando con il tuo pubblico. Non dimenticare di rispondere a tutti i commenti, i social media hanno bisogno di partecipazione.

3. Generazione di lead: monitora il numero di lead generati dalle tue attività di content marketing, come abbonamenti via e-mail, registrazioni alla newsletter e invii di moduli di contatto.

4. Tassi di conversione: misura il numero di eventi e conversioni derivanti dai tuoi sforzi di content marketing, come il numero di vendite o iscrizioni.

5. Ritorno sull'investimento (ROI): calcola il ritorno sull'investimento dei tuoi sforzi di content marketing dividendo i ricavi generati per i costi di creazione, distribuzione o pubblicità del contenuto.

È importante monitorare e analizzare regolarmente queste metriche per migliorare costantemente la tua strategia di content marketing e raggiungere i tuoi obiettivi. Dai un'occhiata a questi siti di esempio di gestione dei contenuti web: https://ghost.org/ , https://webflow.com/ , https://unicornplatform.com/ , https://www.squarespace.com/ , https://www.patreon.com/ , https://www.wix.com/

Domande del quiz sul marketing dei contenuti

1. Qual è l'obiettivo principale del content marketing?
A. Generare il massimo traffico
B. Attrarre un pubblico generale
C. Coinvolgimento di un pubblico target specifico
D. Promuovere direttamente prodotti o servizi

Risposta: C. Coinvolgere un pubblico target specifico

2. Quale forma di contenuto NON è spesso utilizzata nel content marketing?

A. Post del blog

B. Meme sui social media

C. Casi di studio

D. Infografica

Risposta: B. Meme sui social media

3. Qual è lo scopo principale della creazione e della condivisione di contenuti di valore?

A. Stabilire vendite immediate

B. Creare fiducia e coinvolgimento

C. Attrarre traffico online casuale

D. Massimizzazione del design del sito web

Risposta: B. Creare fiducia e coinvolgimento

4. Quale parametro aiuta a misurare quanto i tuoi contenuti siano apprezzati dal tuo pubblico?

A. Numero di visitatori del sito web

B. Tempo trascorso sul sito

C. Il volume dei post sui social media

D. Frequenza degli aggiornamenti del blog

Risposta: B. Tempo trascorso sul sito

5. Quale NON è una metrica comunemente utilizzata per valutare il successo del content marketing?

A. Traffico

B. Tassi di conversione

C. Consapevolezza del marchio

D. Andamento del mercato azionario

Risposta: D. Andamento del mercato azionario

6. Quale strategia prevede presentazioni online in tempo reale a fini didattici?

A. Bloggare

B. Casi di studio

C. Webinar

D. Podcast

Risposta: C. Webinar

7. Quale tipo di contenuto prevede la fornitura di informazioni approfondite su un argomento specifico?

A. Post del blog

B. Infografica

C. E-book e whitepaper

D. Contenuto video

Risposta: C. E-book e whitepaper

8. Quale forma di contenuto fornisce spesso una rappresentazione grafica di dati complessi?

A. Video

B. Podcast

C. Infografica

D. Webinar

Risposta: C. Infografica

9. Quale metrica indica il numero di lead generati
attraverso gli sforzi di content marketing?
A. Tassi di conversione
B. Traffico
C. Impegno
D. Generazione di lead

Risposta: D. Generazione di lead

10. Qual è il vantaggio principale del monitoraggio
regolare delle metriche del content marketing?
A. Aumento immediato delle vendite
B. Migliorare il design del sito web
C. Miglioramento continuo della strategia
D. Ridurre il volume dei contenuti creati

Risposta: C. Miglioramento continuo della strategia

VI. Marketing via e-mail

A. Panoramica dell'email marketing

L'email marketing è l'uso dell'email per promuovere prodotti, servizi o costruire relazioni con clienti potenziali ed esistenti. È un modo conveniente per raggiungere un vasto pubblico e indirizzare il traffico verso un sito Web, aumentare le vendite e creare consapevolezza del marchio. Ecco una panoramica dell'email marketing:

1. Pubblico di destinazione: uno dei principali vantaggi dell'email marketing è la possibilità di indirizzare gruppi specifici di persone. Puoi segmentare la tua mailing list in base a dati demografici, comportamento o interessi per inviare messaggi personalizzati.

2. Risultati misurabili: l'email marketing è facilmente misurabile con parametri quali tassi di apertura, tassi di clic sui link, tassi di conversione e altro ancora. Ciò consente di monitorare il successo delle campagne di

posta elettronica diretta (EDM) e di prendere decisioni basate sui dati per strategie future.

3. Conveniente: rispetto ad altri canali di marketing, l'email marketing è conveniente e ha un elevato ritorno sull'investimento (ROI). Richiede solo un piccolo investimento in software o servizi di email marketing e la creazione del contenuto della tua email.

4. Flessibilità: l'email marketing consente un elevato livello di flessibilità, dalla frequenza delle email inviate al tipo di contenuto incluso. Puoi inviare newsletter, email promozionali, email transazionali e altro ancora per raggiungere il tuo pubblico.

5. Automazione: i software e i servizi di email marketing offrono funzionalità di automazione, come email attivate in base al comportamento degli abbonati , email di benvenuto automatizzate e altro ancora. Ciò consente di risparmiare tempo e fatica,

offrendo comunque un tocco personalizzato al tuo pubblico.

Nel complesso, l'email marketing è una componente essenziale di una strategia di marketing digitale completa. Comprendendo le basi dell'email marketing e utilizzandolo in modo efficace, le aziende possono raggiungere i propri obiettivi di marketing e connettersi con il proprio pubblico a livello personale.

B. Creazione di una lista di posta elettronica

Creare una mailing list è una componente fondamentale per il successo dell'email marketing. Una mailing list mirata e coinvolta ti consente di raggiungere direttamente il tuo pubblico e promuovere i tuoi prodotti o servizi. Ecco alcuni passaggi per creare una mailing list:

1. Offri un incentivo prezioso: proponi un motivo valido per cui le persone debbano iscriversi alla tua mailing list, come uno sconto esclusivo, un e-book o un webinar gratuito oppure l'accesso a contenuti esclusivi.

2. Inserisci i moduli di iscrizione alla newsletter sul tuo sito web, solitamente posizionati nel piè di pagina: semplifica l'iscrizione dei visitatori alla tua mailing list inserendo i moduli di iscrizione sul tuo sito web, blog e landing page.

3. Utilizza i social media: promuovi la tua mailing list sui social media e rendi semplice l'iscrizione dei tuoi follower tramite un link nella tua biografia o promuovendo una landing page con un modulo di iscrizione.

4. Offri l'opzione di iscrizione durante la procedura di pagamento: se vendi prodotti o servizi online, offri la possibilità di iscriversi

alla tua mailing list durante la procedura di pagamento.

5. Collaborare con altre aziende: collaborare con aziende complementari per promuovere congiuntamente le rispettive liste email.

6. Segmenta la tua lista: segmenta la tua lista email in base agli interessi, al comportamento e ai dati demografici degli iscritti per inviare messaggi mirati e personalizzati.

7. Fornisci valore: una volta che qualcuno si unisce alla tua mailing list, assicurati di fornire valore con ogni email che invii. Questo può includere contenuti educativi, promozioni o semplicemente tenere il tuo pubblico aggiornato sulla tua attività.

8. Non è necessario avere una presenza sul web per creare una mailing list, ad esempio puoi usare una ricerca avanzata per provare a trovare i contatti. Se apri i siti web dai risultati di ricerca qui, vedrai che quasi tutti

hanno indirizzi email disponibili. Esempio:
https://www.google.com/ search?q
=email+%40+.com+Copyright+©+2025

Creare una mailing list richiede tempo e impegno, ma è un investimento utile per il successo a lungo termine dei tuoi sforzi di email marketing. Esistono anche molti strumenti che ti faranno risparmiare tempo, come ad esempio gli estrattori di email che estrarranno solo le email da una grande quantità di testo. https://www.text-utils.com/extract-emails/ . Seguendo questi passaggi e fornendo costantemente contenuti di valore, puoi creare una mailing list mirata e coinvolta che porterà avanti la tua attività.

C. Creazione di e-mail efficaci

Creare email efficaci che coinvolgano e convertano i tuoi iscritti e clienti è essenziale per il successo del tuo email marketing. Ecco alcuni suggerimenti per creare email efficaci:

1. Definisci chiaramente l'obiettivo: prima di iniziare a creare la tua email, definisci l'obiettivo dell'email. Promuovere un prodotto, fornire contenuti educativi o costruire relazioni con il tuo pubblico?
2. Conosci il tuo pubblico: comprendi il tuo pubblico e cosa desidera ricevere nella sua posta in arrivo. Utilizza la segmentazione per personalizzare le email in base al comportamento, agli interessi e ai dati demografici degli abbonati.
3. Utilizza un oggetto chiaro: l'oggetto è la prima cosa che vedono gli iscritti e deve catturare l'attenzione e comunicare chiaramente lo scopo dell'email.
4. Semplicità: mantieni il design e il contenuto delle tue email semplici e facili da leggere. Utilizza un linguaggio chiaro e conciso ed

evita di usare troppe immagini o grandi blocchi di testo.

5. Rendila visivamente accattivante: utilizza elementi visivi accattivanti, come immagini e grafici, per rendere le tue email più coinvolgenti e memorabili.

6. Offri valore: fornisci valore in ogni email che invii, che si tratti di contenuti didattici, promozioni o aggiornamenti sulla tua attività.

7. Invito all'azione: includi un chiaro invito all'azione in ogni email, che si tratti di acquistare un prodotto, visitare una landing page o iscriversi a un webinar.

8. Testa e ottimizza: testa e ottimizza regolarmente le tue email in base a parametri quali tassi di apertura, tassi di clic e tassi di conversione.

Seguendo questi suggerimenti, puoi creare email efficaci che coinvolgono e convertono i tuoi iscritti e clienti, favorendo il successo delle tue iniziative di email marketing.

D. Automazione e personalizzazione

L'automazione e la personalizzazione sono componenti chiave di un efficace email marketing. Automatizzando determinati aspetti delle tue campagne email e personalizzando il contenuto per ogni destinatario, puoi aumentare il coinvolgimento e i tassi di conversione. Ecco alcuni modi per automatizzare e personalizzare il tuo email marketing:

1. Email di benvenuto automatiche: invia email di benvenuto automatiche ai nuovi iscritti, presentando il tuo marchio e offrendo subito valore.
2. Email attivate: invia email attivate in base al comportamento dell'abbonato , ad esempio

email di carrello abbandonato o email di conferma dell'acquisto.

3. Righe dell'oggetto e contenuto personalizzati: personalizza la riga dell'oggetto e il contenuto di ogni e-mail in base al comportamento , agli interessi e ai dati demografici dell'abbonato. Dai un'occhiata a Pipeline CRM che ti aiuta a visualizzare e comprendere la tua pipeline di vendita per far crescere la tua attività. Pipeline CRM ha l'integrazione e-mail in modo da sapere quando il tuo lead apre un'e-mail, clicca su un collegamento o scarica un allegato. Ha anche la gestione dei lead con monitoraggio dello stato per sapere dove si trova ogni lead nel processo di vendita. https://pipelinecrm.com/

4. Segmentazione: segmenta la tua mailing list in base al comportamento degli abbonati , interessi e dati demografici per inviare contenuti mirati e personalizzati. Brevo ti

aiuta a far crescere la tua attività. Costruisci relazioni con i clienti tramite e-mail, SMS, chat e altro. https://www.brevo.com/

5. Contenuto dinamico: usa il contenuto dinamico per mostrare o nascondere il contenuto in base al comportamento o alle preferenze degli iscritti. Il servizio di email marketing Campaign Monitor offre una gamma di funzionalità facili da usare per aiutare i principianti a creare un pubblico coinvolto con modelli di email reattivi, personalizzazioni facili da aggiungere utilizzando i dati di contatto e ottimizzazione dell'orario di invio. https://www.campaignmonitor.com/

6. Raccomandazioni: utilizza algoritmi di apprendimento automatico per personalizzare le raccomandazioni sui prodotti per ciascun destinatario.

7. Test A/B: esegui regolarmente test A/B per ottimizzare il contenuto, le righe dell'oggetto

e il design delle tue email, ottenendo il massimo impatto.

Combinando automazione e personalizzazione nel tuo marketing via e-mail, puoi creare un'esperienza più coinvolgente e pertinente per ogni destinatario, con conseguenti tassi di coinvolgimento e conversione più elevati.

E. Misurazione del successo dell'email marketing

Misurare il successo delle tue campagne di email marketing è fondamentale per comprendere l'impatto dei tuoi sforzi e prendere decisioni basate sui dati per migliorare i tuoi risultati. Ecco alcune metriche chiave per misurare il successo dell'email marketing:

1. Tasso di apertura: il tasso di apertura misura il numero di abbonati che hanno aperto la tua email sul numero totale di email inviate.

Un tasso di apertura elevato indica che la tua riga dell'oggetto e la reputazione del mittente stanno effettivamente attirando l'attenzione.

2. Tasso di clic: il tasso di clic misura il numero di abbonati che hanno cliccato su un link nella tua email rispetto al numero totale di email aperte. Un tasso di clic elevato indica che il tuo contenuto è pertinente e coinvolgente.

3. Tasso di conversione: il tasso di conversione misura il numero di abbonati che hanno eseguito un'azione desiderata, come effettuare un acquisto, compilare un modulo o iscriversi a un webinar, rispetto al numero totale di email inviate o cliccate. Mailchimp afferma di "Trasformare le email in entrate" con automazioni email, intelligenza artificiale generativa, segmentazione, analisi e reporting. https://mailchimp.com/

4. Tasso di rimbalzo: il tasso di rimbalzo misura il numero di email restituite come non recapitabili rispetto al numero totale di email inviate. Un tasso di rimbalzo elevato potrebbe indicare problemi con la qualità della tua mailing list o con la recapitabilità delle email.

5. Tasso di reclami per spam: il tasso di reclami per spam misura il numero di abbonati che hanno contrassegnato la tua email come spam rispetto al numero totale di email inviate. Un tasso di reclami per spam elevato potrebbe indicare che il contenuto della tua email non è pertinente o prezioso per gli abbonati. Con Zendesk puoi connetterti con i clienti su Facebook, Whatsapp , Slack e altro ancora con le integrazioni di Zendesk. Zendesk ha un filtro antispam abilitato di default quando crei il tuo centro assistenza . Il filtro antispam impedisce che i post e i commenti nuovi e

modificati degli utenti finali che sembrano spam vengano pubblicati nel tuo centro assistenza . https://www.zendesk.com

6. Tasso di annullamento dell'iscrizione: il tasso di annullamento dell'iscrizione misura il numero di iscritti che hanno optato per l'uscita dalla tua mailing list rispetto al numero totale di email inviate. Un tasso di annullamento dell'iscrizione elevato potrebbe indicare che il contenuto della tua email non è pertinente o prezioso per gli iscritti.

Monitorando regolarmente queste metriche, puoi ottenere informazioni preziose sul successo delle tue iniziative di email marketing e prendere decisioni basate sui dati per migliorare i risultati.

Domande del quiz sull'email marketing

1. Quale NON è un vantaggio nell'utilizzare l'email marketing come parte di una strategia di marketing digitale?

A. Targeting di gruppi di pubblico specifici

B. Efficacia dei costi e ROI elevato

C. Impossibilità di misurare il successo della campagna

D. Flessibilità nei contenuti e nella frequenza

Risposta: C. Impossibilità di misurare il successo della campagna

2. Quale metrica viene utilizzata per misurare il numero di abbonati che hanno aperto la tua email sul totale di quelle inviate?

A. Tasso di conversione

B. Tasso di clic

C. Tasso di apertura

D. Frequenza di rimbalzo

Risposta: C. Tasso di apertura

3. Come possono le aziende segmentare la propria lista email per personalizzare i messaggi?

A. Inviando e-mail di massa all'intera lista

B. Ignorando il comportamento e la demografia degli abbonati

C. Personalizzando solo la riga dell'oggetto

D. Utilizzando il comportamento , gli interessi e i dati demografici degli abbonati

Risposta: D. Utilizzando il comportamento , gli interessi e i dati demografici degli abbonati

4. Qual è un passaggio essenziale nella creazione di una mailing list?

A. Acquisto di elenchi di posta elettronica da fornitori terzi

B. Inviare e-mail senza alcun incentivo

C. Segmentazione dell'elenco in base ai dati demografici

D. Offrire un incentivo prezioso per unirsi

Risposta: D. Offrire un incentivo prezioso per unirsi

5. Cosa suggerisce un elevato tasso di rimbalzo nell'email marketing?

A. Forte coinvolgimento con gli abbonati

B. Elevata pertinenza dei contenuti per gli abbonati

C. Problemi con la qualità o la recapitabilità dell'elenco email

D. Basso tasso di cancellazione

Risposta: C. Problemi con la qualità o la recapitabilità dell'elenco email

6. Qual è lo scopo principale dell'automazione nell'email marketing?

A. Per aumentare il tasso di cancellazione

B. Per personalizzare i contenuti per ogni destinatario

C. Per inviare e-mail generiche e non personalizzate

D. Per evitare di creare contenuti di valore

Risposta: B. Per personalizzare il contenuto per ogni destinatario

7. Quale metrica misura il numero di abbonati che hanno cliccato su un link nella tua email?
A. Tasso di conversione
B. Tasso di clic
C. Tasso di apertura
D. Frequenza di rimbalzo

Risposta: B. Tasso di clic

8. Come si può misurare il successo dell'email marketing?
A. Solo in base ai tassi di apertura e di clic
B. Solo per tasso di conversione e tasso di cancellazione

C. Monitorando varie metriche come il tasso di apertura, il tasso di clic, il tasso di conversione, il tasso di rimbalzo e altro ancora

D. Affidandosi esclusivamente alle righe dell'oggetto

Risposta: C. Monitorando varie metriche come il tasso di apertura, il tasso di clic, il tasso di conversione, il tasso di rimbalzo e altro ancora

9. Qual è l'approccio consigliato per creare email efficaci?

A. Sovraccarico con numerose immagini e grandi blocchi di testo

B. Utilizzare un linguaggio complesso per rendere la lettura difficile

C. Mantenere la semplicità, l'aspetto accattivante e fornire valore

D. Escludere una call to action in ogni email

Risposta: C. Mantenendolo semplice, visivamente accattivante e fornendo valore

10. In che modo le aziende possono trarre vantaggio dalla segmentazione della propria mailing list?
A. Inviando lo stesso contenuto a tutti gli abbonati
B. Riducendo il coinvolgimento e i tassi di apertura
C. Creando messaggi mirati e personalizzati
D. Evitando l'automazione

Risposta: C. Creando messaggi mirati e personalizzati

VII. Marketing di affiliazione

A. Panoramica del marketing di affiliazione

Il marketing di affiliazione è un tipo di marketing basato sulle prestazioni in cui un'azienda premia gli affiliati per ogni cliente generato dagli sforzi di marketing dell'affiliato stesso. La spesa di affiliazione supererà i 15 miliardi di $ entro il 2028 (fonte statistica:

https://www.emarketer.com/content/5-charts-affiliate-marketing) Nel marketing di affiliazione, gli affiliati promuovono i prodotti o i servizi dell'azienda al proprio pubblico e guadagnano una commissione sulle vendite risultanti. Ecco una panoramica del marketing di affiliazione:

1. Le aziende collaborano con affiliati: le aziende collaborano con affiliati, come blogger, influencer e altri siti web, per promuovere i propri prodotti o servizi.

2. Gli affiliati promuovono i prodotti o i servizi dell'azienda: gli affiliati promuovono i prodotti

o i servizi dell'azienda presso il proprio pubblico tramite un link o un codice di affiliazione univoco.

3. I clienti effettuano un acquisto tramite il link di affiliazione: i clienti effettuano un acquisto tramite il link o il codice di affiliazione, consentendo all'azienda di tracciare la vendita fino all'affiliato.

4. Gli affiliati guadagnano una commissione: gli affiliati guadagnano una commissione sulla vendita, che è una percentuale del prezzo di vendita stabilito dall'azienda.

5. Le aziende traggono vantaggio dall'aumento delle vendite e dalla visibilità del marchio: collaborando con gli affiliati, le aziende traggono vantaggio dall'aumento delle vendite e dalla visibilità del marchio presso nuovi pubblici.

Il marketing di affiliazione è un modo conveniente per le aziende di raggiungere nuovi pubblici e aumentare le vendite. Fornisce inoltre agli affiliati un modo per monetizzare i propri siti Web e il proprio pubblico promuovendo i prodotti in cui credono. Esempi di siti Web di marketing di affiliazione: https://www.shareasale.com/ , https://impact.com/ , https://www.cj.com/ , https://affiliate-program.amazon.com/

B. Impostazione di un programma di affiliazione

Impostare un programma di affiliazione può essere un ottimo modo per le aziende di aumentare le vendite e raggiungere nuovi pubblici. Sono disponibili diverse piattaforme per le aziende per impostare un programma di affiliazione, tra cui ShareASale , Awin , PartnerStack , Amazon Associates e CJ Affiliate.

1. ShareASale : ShareASale è una popolare piattaforma di affiliate marketing che consente alle aziende di gestire il proprio

programma di affiliazione e di monitorare vendite e commissioni. Offre una gamma di strumenti e risorse per aziende e affiliati per avere successo nell'affiliate marketing.

https://www.shareasale.com

2. Awin : Awin è una rete di affiliazione globale che offre alle aziende l'accesso a una rete di affiliati e strumenti per gestire il loro programma di affiliazione. Offre una gamma di strumenti di reporting e monitoraggio per aiutare le aziende a misurare il loro successo nel marketing di affiliazione.

https://www.awin.com

3. PartnerStack : PartnerStack è una piattaforma di marketing di affiliazione B2B che consente alle aziende di gestire il proprio programma di affiliazione e di monitorare vendite e commissioni. Offre una gamma di strumenti e risorse per aiutare le aziende e gli affiliati ad avere successo nel

marketing di affiliazione.

https://partnerstack.com/

4. Amazon Associates: Amazon Associates è il programma di affiliazione di Amazon che consente agli affiliati di guadagnare una commissione promuovendo i prodotti Amazon. Offre una gamma di strumenti e risorse per gli affiliati per avere successo nel marketing di affiliazione, inclusi link di prodotto e banner. https://affiliate-program.amazon.com/

5. CJ Affiliate: CJ Affiliate è una rete globale di affiliate marketing che offre alle aziende l'accesso a una rete di affiliati e strumenti per gestire il loro programma di affiliazione. Offre una gamma di strumenti di reporting e monitoraggio per aiutare le aziende a misurare il loro successo di affiliate marketing. Italiano: https://www.cj.com/

Quando si imposta un programma di affiliazione, è importante scegliere una piattaforma che si adatti alle esigenze e agli obiettivi della tua attività. Considera fattori come le dimensioni della tua rete di affiliazione, i tipi di prodotti o servizi che offri e il livello di supporto e risorse di cui hai bisogno per avere successo nel marketing di affiliazione.

C. Reclutamento e gestione degli affiliati

Il reclutamento e la gestione degli affiliati sono un aspetto importante di un programma di marketing di affiliazione di successo. Ecco alcuni suggerimenti per il reclutamento e la gestione degli affiliati:

1. Sviluppa linee guida chiare: sviluppa linee guida chiare per gli affiliati, tra cui struttura delle commissioni, offerte di prodotti e materiali di marketing. Ciò garantirà che gli affiliati capiscano cosa ci si aspetta da loro e

come possono avere successo nella promozione dei tuoi prodotti o servizi.

2. Fornisci materiali di marketing: fornisci agli affiliati materiali di marketing, come descrizioni di prodotti, immagini e link. Ciò li aiuterà a promuovere efficacemente i tuoi prodotti e ad aumentare le vendite.

3. Offri una struttura di commissioni: Offri una struttura di commissioni che incentivi gli affiliati a promuovere i tuoi prodotti o servizi. Valuta di offrire una commissione più alta per gli affiliati ad alte prestazioni o per determinati prodotti o servizi.

4. Monitora e traccia le prestazioni: monitora e traccia regolarmente le prestazioni degli affiliati. Questo ti aiuterà a identificare gli affiliati più performanti e a individuare le aree di miglioramento.

5. Offri supporto: Offri supporto agli affiliati, ad esempio rispondendo a domande e fornendo consigli di marketing. Ciò contribuirà a

costruire una relazione positiva con i tuoi affiliati e li incoraggerà a continuare a promuovere i tuoi prodotti o servizi.

6. Comunicare regolarmente: comunicare regolarmente con i tuoi affiliati, ad esempio tramite e-mail o una rete di affiliazione privata. Ciò contribuirà a costruire una relazione solida e a garantire che siano aggiornati su nuovi prodotti, promozioni e strutture di commissione.

Gestire un programma di affiliazione richiede uno sforzo continuo, ma reclutando gli affiliati giusti, fornendo loro le risorse di cui hanno bisogno per avere successo e monitorando le loro prestazioni, puoi massimizzare il successo del tuo marketing di affiliazione. Se vuoi essere un Affiliate Marketer, ecco alcune persone che hanno guadagnato milioni. Pat Flynn autore, imprenditore, oratore principale e blogger.

https://www.forbes.com/sites/laurashin/2014/09/12/

how-pat-flynn-made-his-first-3-million-in-passive-income/?sh=36ec6f3843d3 . Matt Diggity ha fondato e possiede diverse aziende che operano nei settori del marketing di affiliazione e SEO. https://www.starterstory.com/matt-diggity-net-worth . Nate O'Brien fornisce istruzione e informazioni gratuite su finanza personale, produttività, stile di vita e creazione di ricchezza. Nel 2020, è stato nominato uno dei primi nove canali YouTube di finanza personale per i Millennial da Forbes. https://www.forbes.com/sites/jrose/2020/02/18/top-9-millennial-youtube-channels/?sh=36a1e90a3406

D. Misurazione del successo del marketing di affiliazione

Misurare il successo del tuo programma di affiliate marketing è fondamentale per determinarne l'efficacia e prendere decisioni informate per le campagne future. Ecco alcune metriche chiave da

monitorare quando si misura il successo
dell'affiliate marketing:

1. Vendite: monitora il numero di vendite
   generate dagli affiliati per determinarne
   l'efficacia complessiva.
2. Commissione: monitora le commissioni totali
   guadagnate dagli affiliati per determinare il
   loro potenziale di guadagno e il successo
   della tua struttura di commissioni.
3. Tasso di conversione: monitora il tasso di
   conversione dei visitatori che cliccano sui
   link di affiliazione per determinare l'efficacia
   dei singoli affiliati e dei loro sforzi di
   marketing.
4. Valore medio dell'ordine: monitora il valore
   medio dell'ordine delle vendite generate
   dagli affiliati per determinare il valore che
   apportano alla tua attività.
5. Ritorno sull'investimento (ROI): calcola il
   ritorno sull'investimento del tuo programma

di marketing di affiliazione dividendo il fatturato totale generato per il costo totale del programma.

6. Coinvolgimento degli affiliati: monitora il coinvolgimento degli affiliati, ad esempio il numero di clic sui link di affiliazione, per determinare il loro livello di coinvolgimento e interesse nel tuo programma.

7. Costo di acquisizione clienti: monitora il costo di acquisizione di nuovi clienti tramite marketing di affiliazione per determinarne la convenienza rispetto ad altri canali di marketing.

Monitorando regolarmente queste metriche, puoi misurare il successo del tuo programma di marketing di affiliazione e prendere decisioni informate per migliorarlo. eBay, The Home Depot, Amazon e altre note aziende di e-commerce hanno programmi di affiliazione. Ad esempio, Uber, all'inizio Uber aveva un programma di incentivi bilaterale con entrambe le parti che ricevevano un credito di $ 10 quando nuovi utenti si iscrivevano. Uber ha sede a San Francisco e opera in circa 70 paesi e 10.500 città in tutto il mondo. L'azienda ha oltre 131 milioni di utenti attivi mensili e 6 milioni di autisti e corrieri attivi in tutto il mondo e facilita una media di 25 milioni di viaggi al giorno, è sicuro dire che il programma di affiliazione Uber ha fatto qualcosa di giusto.

Domande del quiz sul marketing di affiliazione

1. Cosa definisce il marketing di affiliazione?
A. Una strategia di marketing che si basa esclusivamente sugli influencer dei social media
B. Un tipo di marketing in cui gli affiliati vengono premiati per l'acquisizione di clienti grazie ai propri sforzi di marketing
C. Un metodo di marketing che esclude blogger e influencer

D. Un metodo limitato alle vendite nei negozi fisici

Risposta: B. Un tipo di marketing in cui gli affiliati vengono premiati per l'acquisizione di clienti grazie ai propri sforzi di marketing

2. In che modo il marketing di affiliazione avvantaggia le aziende?
A. Limitando l'esposizione del marchio
B. Riducendo le opportunità di vendita
C. Collaborando con gli affiliati per aumentare le vendite e l'esposizione del marchio
D. Disconnettendosi dai potenziali clienti

Risposta: C. Collaborando con gli affiliati per aumentare le vendite e l'esposizione del marchio

3. Quale piattaforma NON viene solitamente utilizzata per impostare un programma di affiliazione?
A. CondividiASale

B. Annunci Google

C. CJ Affiliato

D. Associati Amazon

Risposta: B. Google Ads

4. Cosa dovrebbero considerare le aziende quando
impostano un programma di affiliazione?
A. Dimensioni della loro rete di affiliazione
B. L'assenza di materiale di marketing per gli
affiliati
C. Ignorare gli obiettivi e le esigenze aziendali
D. Escludendo il monitoraggio delle prestazioni
degli affiliati

Risposta: A. Dimensioni della loro rete di
affiliazione

5. Qual è un aspetto cruciale della gestione degli
affiliati in un programma di marketing di
affiliazione?

A. Offrire supporto e guida minimi

B. Concentrarsi esclusivamente sulla struttura delle commissioni

C. Comunicare regolarmente e fornire risorse di marketing

D. Evitare qualsiasi forma di interazione

Risposta: C. Comunicare regolarmente e fornire risorse di marketing

6. Quali parametri vengono utilizzati per misurare il successo del marketing di affiliazione?

A. Solo vendite e tasso di conversione

B. Solo commissioni e costi di acquisizione clienti

C. Vendite, tasso di conversione, commissione, valore medio dell'ordine, ROI, coinvolgimento degli affiliati e costo di acquisizione dei clienti

D. Vendite, commissioni e coinvolgimento degli affiliati

Risposta: C. Vendite, tasso di conversione, commissione, valore medio dell'ordine, ROI, coinvolgimento degli affiliati e costo di acquisizione dei clienti

7. Cosa indica un alto tasso di conversione nel marketing di affiliazione?
A. Minore efficacia dei singoli affiliati
B. Maggiore efficacia dei singoli affiliati
C. Disinteresse degli affiliati nel programma
D. Mancanza di una struttura di commissione

Risposta: B. Maggiore efficacia dei singoli affiliati

8. Quale ruolo svolgono piattaforme come ShareASale e Awin nel marketing di affiliazione?
A. Non forniscono strumenti o risorse per aziende e affiliati
B. Offrono strumenti per gestire programmi di affiliazione e monitorare vendite e commissioni

C. Si concentrano esclusivamente sul marketing dei social media

D. Limitano l'accesso agli affiliati

Risposta: B. Offrono strumenti per gestire programmi di affiliazione e monitorare vendite e commissioni

9. Cosa aiuta a determinare il ROI nel marketing di affiliazione?

A. Il numero complessivo di affiliati

B. L'efficacia del marketing di affiliazione rispetto ad altri canali

C. Il costo di acquisizione di nuovi clienti

D. L'irrilevanza del marketing di affiliazione

Risposta: B. L'efficacia del marketing di affiliazione rispetto ad altri canali

10. Qual è uno scopo comune nell'offrire linee guida chiare e materiali di marketing agli affiliati?

A. Per scoraggiare gli affiliati dal partecipare

B. Per limitare il loro successo

C. Per supportare e guidare gli affiliati per promozioni di successo

D. Per creare confusione tra gli affiliati

Risposta: C. Per supportare e guidare gli affiliati per promozioni di successo

VIII. Marketing mobile

A. Panoramica del marketing mobile

Il marketing mobile si riferisce alla pratica di promuovere e pubblicizzare prodotti o servizi tramite dispositivi mobili, come smartphone e tablet. Con la rapida crescita dell'utilizzo dei dispositivi mobili, il marketing mobile è diventato una componente cruciale di una strategia di marketing digitale completa. Diamo un'occhiata più da vicino: la spesa pubblicitaria mobile degli Stati Uniti supererà i 228 miliardi di dollari nel 2025. La stragrande maggioranza della spesa pubblicitaria mobile avverrà nelle app. Le app raggiungeranno una quota dominante dell'82,3% della spesa pubblicitaria mobile nel 2025. (Fonte statistica: https://www.emarketer.com/content/mobile-advertising-2024)

Quindi, se l'obiettivo principale del marketing mobile è raggiungere il pubblico target dove trascorre la maggior parte del tempo, ovvero sui dispositivi mobili, questo può essere ottenuto tramite una varietà di canali, tra cui:

1. App per dispositivi mobili: sviluppo e promozione di un'app per dispositivi mobili che presenta i tuoi prodotti o servizi.
2. Marketing tramite SMS/MMS: invio di messaggi di testo o multimediali a clienti o potenziali clienti.
3. Siti web per dispositivi mobili: ottimizzazione del tuo sito web per dispositivi mobili per offrire un'esperienza utente fluida e pratica.
4. Marketing basato sulla posizione: utilizzo della tecnologia GPS per raggiungere i clienti in base alla loro posizione e inviare messaggi personalizzati e pertinenti.
5. Codici QR: codifica di un codice QR con un URL che i clienti possono scansionare per accedere a promozioni, informazioni sui prodotti o altre risorse.

Il marketing mobile offre diversi vantaggi rispetto al marketing tradizionale, come un targeting e una personalizzazione maggiori, un coinvolgimento in tempo reale e tassi di conversione più elevati. Per raggiungere efficacemente il pubblico di destinazione e raggiungere gli obiettivi di marketing, è importante comprendere il comportamento e le preferenze degli utenti mobili e fornire contenuti interessanti e pertinenti attraverso i canali giusti.

B. Creazione di una strategia di marketing mobile

Adsterra afferma che "La pubblicità mobile è rapidamente diventata uno degli strumenti di marketing più potenti a disposizione delle aziende oggi" nella sua Top Mobile Advertising Trends to Watch (Fonte: https://adsterra.com/blog/mobile-advertising-trends/). Una strategia di marketing mobile di successo richiede un'attenta pianificazione ed esecuzione. Ecco alcuni passaggi per aiutarti a creare una strategia di marketing mobile efficace:

1. Definisci i tuoi obiettivi e il tuo pubblico di riferimento: definisci chiaramente cosa speri di ottenere tramite i tuoi sforzi di marketing mobile e chi è il tuo pubblico di riferimento. Considera le sue esigenze, i suoi interessi e i suoi comportamenti quando usa i dispositivi mobili.

2. Condurre ricerche di mercato: condurre ricerche di mercato per raccogliere informazioni sullo stato attuale del mercato mobile e sul comportamento del tuo pubblico di riferimento. Questo può aiutarti a identificare nuove opportunità ed evitare potenziali insidie.

3. Scegli i canali giusti: in base ai tuoi obiettivi e al pubblico di riferimento, scegli i canali giusti per raggiungerli. Ciò potrebbe includere app mobili, marketing SMS/MMS,

siti Web mobili, marketing basato sulla posizione e codici QR.

4. Crea contenuti avvincenti: sviluppa contenuti che risuonano con il tuo pubblico di destinazione e che gli forniscano valore. Assicurati che i contenuti siano ottimizzati per i dispositivi mobili e siano facili da visualizzare e con cui interagire.

5. Ottimizza per i motori di ricerca: ottimizza i tuoi contenuti mobili per i motori di ricerca, come Google, per migliorare la tua visibilità e attrarre potenziali clienti. Con PageSpeed Insights puoi ottenere il tuo punteggio PageSpeed e usare i suggerimenti PageSpeed per rendere il tuo sito web più veloce tramite lo strumento online. Hanno anche un report diverso per diagnosticare i problemi di prestazioni per dispositivi mobili e desktop https://pagespeed.web.dev/

6. Personalizza il tuo approccio: personalizza il tuo approccio utilizzando i dati dei clienti per

inviare messaggi mirati e pertinenti a
ciascun cliente. Ciò può migliorare l'efficacia
dei tuoi sforzi di marketing e aumentare il
coinvolgimento.

7. Testa e misura i risultati: testa e misura
regolarmente i risultati dei tuoi sforzi di
marketing mobile per determinarne l'efficacia
e identificare le aree di miglioramento.

C. Pubblicità mobile

La pubblicità mobile si riferisce alla pratica di
promuovere e pubblicizzare prodotti o servizi
tramite dispositivi mobili, come smartphone e
tablet. Questo tipo di pubblicità è progettato per
raggiungere il pubblico di destinazione dove
trascorre la maggior parte del tempo, sui propri
dispositivi mobili. Alcuni marchi che stanno facendo
bene la pubblicità mobile includono Domino's Pizza
con oltre il 91% delle vendite provenienti dai canali
digitali. https://www.dominos.com . Starbucks ha
lanciato la sua app mobile anni fa e, a un certo

punto, è stata l' app di pagamento di maggior successo sul mercato. https://www.starbucks.com/

Esistono diversi canali pubblicitari per dispositivi mobili, tra cui:

1. Pubblicità su app mobili: inserimento di annunci pubblicitari all'interno di app mobili, come banner pubblicitari, annunci interstiziali e annunci nativi.
2. Pubblicità sui motori di ricerca per dispositivi mobili: pubblicazione di annunci sui motori di ricerca per dispositivi mobili, come Google, quando gli utenti cercano parole chiave correlate ai tuoi prodotti o servizi.
3. Pubblicità video per dispositivi mobili: pubblicazione di annunci video su dispositivi mobili tramite piattaforme come YouTube e social media.
4. Pubblicità in-app: inserimento di annunci pubblicitari all'interno di altre app, come app di gioco, app di social media e app di notizie.

5. Pubblicità basata sulla posizione: fornire ai clienti annunci pubblicitari mirati e personalizzati in base alla loro posizione.

La pubblicità mobile offre diversi vantaggi, tra cui una maggiore portata, targeting e personalizzazione. Per raggiungere efficacemente il pubblico di destinazione e raggiungere gli obiettivi di marketing, è importante scegliere i canali giusti, sviluppare annunci pubblicitari accattivanti e pertinenti e utilizzare i dati per ottimizzare e migliorare continuamente i tuoi sforzi pubblicitari mobili.

Per misurare il successo dei tuoi sforzi pubblicitari per dispositivi mobili, è importante monitorare metriche chiave come impressioni, percentuali di clic, percentuali di conversione e coinvolgimento dei clienti. Monitorando e analizzando regolarmente queste metriche, puoi determinare l'efficacia della tua pubblicità per dispositivi mobili e prendere decisioni basate sui dati per migliorare i tuoi risultati.

D. Contenuto ottimizzato per dispositivi mobili

I contenuti mobile-friendly si riferiscono a contenuti ottimizzati per la visualizzazione su dispositivi mobili, come smartphone e tablet. Ciò include contenuti facilmente accessibili e leggibili su dispositivi mobili, con un'attenzione particolare a tempi di caricamento rapidi e un'interfaccia user-friendly.

La creazione di contenuti ottimizzati per i dispositivi mobili implica diversi fattori chiave, tra cui:

1. Responsive Design: creazione di un sito web responsive che si adatta alle dimensioni dello schermo dell'utente, indipendentemente dal dispositivo utilizzato.

2. Navigazione semplice: creazione di una struttura di navigazione intuitiva e di facile utilizzo, con link e titoli chiari.

3. Immagini e video ottimizzati: ottimizzazione di immagini e video per un caricamento rapido sui dispositivi mobili, con dimensioni e formato adatti agli schermi dei dispositivi mobili.

4. Contenuti brevi e concisi: scrivere contenuti brevi e concisi, facili da leggere e comprendere su uno schermo piccolo, con titoli e punti elenco chiari.

5. Velocità di caricamento elevata: garantire che il sito web si carichi rapidamente sui dispositivi mobili, con particolare attenzione all'ottimizzazione di immagini, video e codice.

Nel panorama dinamico del marketing digitale, creare un sito web mobile-friendly è diventato fondamentale per il successo. Non si tratta solo di garantire che le pagine si ridimensionino in modo appropriato sui dispositivi mobili; si estende alla creazione di contenuti che si adattino perfettamente all'esperienza mobile.

Per i marketer, la ricerca della compatibilità con i dispositivi mobili dovrebbe essere vista come un impegno olistico . L'attenzione dovrebbe essere rivolta alla cura di un'esperienza complessiva che risuoni con i clienti quando visitano il tuo sito web. Riconosci che il modo in cui gli utenti interagiscono con i contenuti su un desktop rispetto a un dispositivo mobile differisce in modo significativo. Gli utenti mobili hanno una capacità di attenzione limitata e una preferenza per l'accesso immediato alle informazioni pertinenti.

Nella creazione di contenuti, semplicità e chiarezza dovrebbero essere i tuoi principi guida, indipendentemente dalla piattaforma. Incorpora immagini e video per suddividere il testo, rendendo il tuo contenuto più digeribile. Garantire la leggibilità è fondamentale. Il tuo titolo funge da introduzione iniziale del lettore al tuo contenuto e svolge un ruolo fondamentale nel modo in cui la tua pagina web appare nei risultati di ricerca.

L'adozione di contenuti mobile-friendly non solo migliora l'esperienza utente, ma facilita anche un'interazione fluida con il tuo marchio sui dispositivi mobili. Questo cambiamento può portare a un maggiore coinvolgimento, a una maggiore soddisfazione del cliente e, in definitiva, a risultati superiori per i tuoi sforzi di marketing .

Per valutare l'efficacia dei tuoi contenuti mobile-friendly, è fondamentale monitorare gli indicatori chiave di prestazione (KPI) come traffico del sito web, tassi di rimbalzo, tassi di conversione e coinvolgimento dei clienti. Monitorare e analizzare regolarmente queste metriche ti consente di valutare l'impatto del tuo approccio mobile-friendly e di apportare modifiche basate sui dati e ben informate per risultati ottimali.

In questa sfera digitale in continua evoluzione, l'enfasi sulla compatibilità con i dispositivi mobili è più critica che mai. Non si tratta solo della reattività del sito Web; comprende l'intera esperienza utente, in particolare sulle piattaforme mobili. Adattare i contenuti alle preferenze e alle abitudini degli utenti mobili è un imperativo strategico.

Ricorda, semplicità e chiarezza dovrebbero essere il fondamento del tuo processo di creazione di contenuti. Utilizza gli elementi multimediali giudiziosamente per migliorare la comprensione e assicurati che i tuoi titoli non siano solo allettanti, ma anche ottimizzati per la visibilità della ricerca.

Adottando contenuti adatti ai dispositivi mobili, non solo aumenterai la soddisfazione degli utenti, ma creerai anche connessioni più forti con il tuo pubblico. Questo, a sua volta, porta a un coinvolgimento più profondo e a risultati migliori per i tuoi sforzi di marketing .

Per valutare l'impatto dei tuoi contenuti mobile-friendly, è fondamentale monitorare metriche chiave come traffico del sito web, tassi di rimbalzo, tassi di conversione e coinvolgimento dei clienti. Questo approccio basato sui dati ti consente di mettere a punto la tua strategia di contenuti per la massima efficacia.

In un panorama digitale dominato dalle interazioni mobili, dare priorità ai contenuti mobile-friendly è il perno del successo. Trascende la semplice adattabilità del sito web, abbracciando l'intera esperienza utente. Adattando i tuoi contenuti alle preferenze degli utenti mobili, non solo garantisci l'accessibilità, ma amplifichi anche il coinvolgimento e promuovi risultati nel regno del marketing digitale.

Rimani sintonizzato sulle metriche che contano e lascia che i dati guidino il tuo percorso verso l'eccellenza del marketing mobile.

E. Misurazione del successo del marketing mobile

Misurare il successo dei tuoi sforzi di marketing mobile è un passaggio importante per valutare l'efficacia delle tue strategie e prendere decisioni informate su come migliorare i tuoi risultati. Ci sono diverse metriche chiave da monitorare quando misuri il successo del tuo marketing mobile, tra cui:

1. Traffico mobile: monitora il numero di visitatori del tuo sito web da dispositivi mobili per capire quanto efficacemente il tuo marketing mobile sta indirizzando traffico verso il tuo sito.
2. Tassi di conversione: misura la percentuale di visitatori da dispositivi mobili che eseguono un'azione specifica, come un acquisto o la compilazione di un modulo, per

valutare il successo del tuo marketing per dispositivi mobili nel generare conversioni.

3. Coinvolgimento su dispositivi mobili: monitora parametri quali tempo trascorso sul sito, visualizzazioni di pagina e frequenza di rimbalzo per capire quanto i tuoi visitatori da dispositivi mobili interagiscono con i tuoi contenuti e quanto efficacemente il tuo marketing per dispositivi mobili cattura la loro attenzione.

4. Installazioni e utilizzo dell'app: se hai un'app mobile, monitora il numero di installazioni e di utilizzo dell'app per comprendere la popolarità della tua app e l'impatto dei tuoi sforzi di marketing mobile sull'adozione dell'app.

5. Feedback dei clienti: raccogli il feedback dei tuoi clienti tramite sondaggi, focus group e social media per comprendere la loro esperienza con il tuo marketing mobile e identificare gli ambiti di miglioramento.

Nel regno del marketing digitale, il monitoraggio e l'analisi delle metriche chiave sono fondamentali. Fornisce informazioni preziose sull'efficacia dei tuoi sforzi di marketing mobile , consentendoti di prendere decisioni informate per risultati migliori. Inoltre, questo monitoraggio costante svela tendenze e modelli nelle tue prestazioni di marketing mobile, consentendoti di ottimizzare le campagne e guidare risultati superiori.

Per chi si concentra su Google Play, il monitoraggio delle conversioni delle app è fondamentale. Utilizza i dati di conversione di Google Play per valutare l'efficacia con cui il tuo account Google Ads porta alle installazioni di app Android dal tuo account sviluppatore Google Play, nonché all'attività in-app.

Quando si tratta di installazioni di app iOS tramite Google Ads, l'integrazione di Firebase è la chiave. Collega i tuoi account Firebase e Google Ads dopo aver registrato la tua app in Firebase con lo stesso account associato al tuo account Google Ads. Aggiungi installazioni come evento in Firebase, contrassegnalo come conversione e, infine, sincronizza i tuoi account Firebase e Google Ads per importare l'evento di installazione in Google Ads.

Entra nel regno di App Analytics all'interno di App Store Connect per ottenere informazioni approfondite sull'acquisizione, l'utilizzo e la monetizzazione delle app degli utenti. Questa piattaforma ti consente di generare link di campagna da utilizzare nei tuoi materiali di marketing. Quando un utente interagisce con un annuncio che presenta il link della tua campagna, verrà reindirizzato alla pagina del prodotto della tua app sull'App Store. Copia semplicemente il link della campagna per integrarlo nei tuoi materiali di marketing, come segue:

https://apps.apple.com/app/applestore/id123456789?pt=123456&ct=test1234&mt=8

.

Adotta queste tecniche di tracciamento per svelare il pieno potenziale dei tuoi sforzi di marketing mobile. Con decisioni supportate dai dati, eleverai le tue campagne e otterrai risultati eccezionali nel panorama digitale in continua evoluzione.

Domande del quiz sul marketing mobile

1. In cosa consiste principalmente il marketing mobile?
A. Marketing limitato esclusivamente ai desktop
B. Promuovere prodotti o servizi tramite dispositivi mobili
C. Puntare esclusivamente alle tecnologie GPS
D. Utilizzo di metodi pubblicitari tradizionali

Risposta: B. Promuovere prodotti o servizi tramite dispositivi mobili

2. Qual è una caratteristica di una strategia di marketing mobile efficace?

A. Ignorare le ricerche di mercato e il comportamento dei clienti

B. Prendere di mira un pubblico vasto senza obiettivi specifici

C. Fornire contenuti ottimizzati per dispositivi mobili e approcci personalizzati

D. Utilizzare canali non correlati per raggiungere il pubblico di destinazione

Risposta: C. Fornire contenuti ottimizzati per dispositivi mobili e approcci personalizzati

3. Quale aspetto NON rientra nella creazione di contenuti ottimizzati per i dispositivi mobili?

A. Design reattivo per diverse dimensioni dello schermo

B. Strutture di navigazione complesse

C. Immagini e video ottimizzati per un caricamento rapido

D. Contenuto breve e conciso con titoli chiari

Risposta: B. Strutture di navigazione complesse

4. In che modo la pubblicità sui dispositivi mobili può apportare vantaggi alle aziende?

A. Limitando la portata e la personalizzazione

B. Riducendo il coinvolgimento del cliente

C. Aumentando la portata, il targeting e la personalizzazione

D. Evitando il marketing basato sulla posizione

Risposta: C. Aumentando la portata, il targeting e la personalizzazione

5. Quale metrica aiuta a capire quanto bene il marketing mobile indirizza il traffico verso un sito web?

A. Tassi di conversione

B. Traffico mobile

C. Coinvolgimento mobile

D. Feedback del cliente

Risposta: B. Traffico mobile

6. Cosa è fondamentale per misurare il successo del marketing mobile per quanto riguarda le app mobili?

A. Utilizzo dei dati di conversione di Google Play e dell'integrazione Firebase

B. Ignorare le metriche delle prestazioni dell'app

C. Evitare l'analisi delle app in App Store Connect

D. Affidarsi esclusivamente alle installazioni di app

Risposta: A. Utilizzando i dati di conversione di Google Play e l'integrazione di Firebase

7. Qual è un elemento chiave della pubblicità su dispositivi mobili?

A. Ignorare la pubblicità sulle app mobili e la pubblicità video

B. Utilizzo dei codici QR per scopi pubblicitari

C. Utilizzo di pubblicità basata sulla posizione senza targeting del cliente

D. Inserimento di annunci pubblicitari all'interno di app mobili e utilizzo della pubblicità di ricerca mobile

Risposta: D. Inserimento di annunci nelle app mobili e utilizzo della pubblicità nella ricerca mobile

8. Cosa definisce un contenuto ottimizzato per i dispositivi mobili?

A. Contenuti complessi e difficili da leggere sui dispositivi mobili

B. Contenuto progettato esclusivamente per desktop

C. Contenuto ottimizzato per dispositivi mobili e che offre un'esperienza user-friendly

D. Contenuto lungo ed elaborato

Risposta: C. Contenuto ottimizzato per dispositivi mobili e che offre un'esperienza user-friendly

9. Come possono le aziende migliorare il marketing mobile?

A. Trascurando il feedback dei clienti e le ricerche di mercato

B. Attraverso contenuti personalizzati e test regolari

C. Evitando i canali giusti per il pubblico di destinazione

D. Affidarsi esclusivamente ai metodi di marketing tradizionali

Risposta: B. Attraverso contenuti personalizzati e test regolari

10. Quale metrica aiuta a valutare il coinvolgimento degli utenti sui dispositivi mobili?

A. Tassi di conversione

B. Installazioni e utilizzo delle app

C. Traffico mobile

D. Impressioni

Risposta: B. Installazioni e utilizzo delle app

IX. Analisi Web

A. Panoramica dell'analisi web

L'analisi web è il processo di raccolta, misurazione e analisi dei dati sul traffico del sito web e sul comportamento degli utenti per ottenere informazioni sulle prestazioni di un sito web e sui suoi sforzi di marketing. L'obiettivo dell'analisi web è migliorare l'esperienza utente, aumentare il coinvolgimento e i tassi di conversione e ottimizzare le campagne di marketing per ottenere risultati aziendali migliori.

L'analisi web fornisce dati preziosi sui visitatori di un sito web, come la loro posizione, dati demografici e comportamenti , nonché dati sul sito web stesso, come le sue pagine, contenuti e fonti di traffico. Questi dati possono essere utilizzati per identificare tendenze, ottimizzare il design e i contenuti del sito web e migliorare l'esperienza utente.

Gli strumenti comuni di analisi web includono Google Analytics https://analytics.google.com , Adobe Analytics https://business.adobe.com/products/analytics/adobe-analytics.html , Piwik https://piwik.pro/ e Omniture https://my.omniture.com , tra gli altri. Questi strumenti consentono ai marketer di tracciare e analizzare una varietà di metriche, come visualizzazioni di pagina, visitatori unici, frequenza di rimbalzo, tasso di conversione e altro ancora.

L'analisi web può essere utilizzata in vari modi, tra cui il monitoraggio del successo delle campagne di marketing, l'ottimizzazione del design e dei contenuti del sito web, l'identificazione e la risoluzione dei problemi degli utenti e il miglioramento dell'esperienza utente complessiva. Grazie alla comprensione dei dati forniti dall'analisi web, i professionisti del marketing possono prendere decisioni informate su come migliorare il loro sito web e gli sforzi di marketing per ottenere risultati aziendali migliori. Se desideri pubblicare annunci (ad esempio display, video, nativi) su un sito per monetizzare l'inventario, a volte le reti pubblicitarie chiederanno agli editori di rendere disponibili i loro dati statistici su similarweb.com in modo che le statistiche del tuo sito web siano visibili al pubblico e ciò significherà dover consentire a similarweb https://www.similarweb.com/ per accedere ai tuoi dati in Google Analytics. Nota che hai bisogno di almeno 2 mesi di dati prima di poter importare i dati del sito web.

B. Impostazione dell'analisi web

Iniziamo con la piattaforma più popolare, Google Analytics. Impostare Google Analytics è un passaggio cruciale per misurare il successo del tuo sito web e degli sforzi di marketing digitale. Ecco i passaggi per impostare Google Analytics:

1. Crea un account Google: se non hai ancora un account Google, dovrai crearne uno.
2. Iscriviti a Google Analytics: vai al sito web di Google Analytics e registrati per un account gratuito.
3. Aggiungi una proprietà: per impostare Google Analytics per il tuo sito web, dovrai aggiungere una proprietà. Una proprietà è essenzialmente una rappresentazione del tuo sito web in Google Analytics.
4. Aggiungi il codice di monitoraggio: una volta aggiunta una proprietà, ti verrà fornito un codice di monitoraggio univoco che dovrai aggiungere al codice del tuo sito web. Questo codice dovrebbe essere aggiunto a ogni pagina del tuo sito web per tracciare accuratamente il comportamento degli utenti
.
5. Verifica l'installazione: dopo aver aggiunto il codice di monitoraggio al tuo sito web, puoi verificare l'installazione nel tuo account

Google Analytics per assicurarti che tutto sia impostato correttamente.

6. Configura le tue impostazioni: dopo aver verificato l'installazione, puoi configurare le impostazioni di Google Analytics in base alle tue esigenze specifiche, ad esempio impostando eventi ed eventi chiave, impostando filtri e personalizzando le visualizzazioni dei report.

7. Inizia a raccogliere dati: una volta configurato Google Analytics, inizierà a raccogliere dati sul traffico del tuo sito web e sul comportamento degli utenti . Puoi visualizzare questi dati nel tuo account Google Analytics e iniziare a prendere decisioni informate su come migliorare il tuo sito web e gli sforzi di marketing.

Ora vediamo come impostare una conversione in Google Analytics. Panoramica: ogni volta che qualcuno visualizza una pagina sul tuo sito web, un evento page_view viene inviato a Google Analytics. L'evento misura tutte le visualizzazioni di pagina, quindi non puoi contrassegnare l'evento come conversione di evento chiave. In questo modo contrassegneresti tutte le visualizzazioni di pagina come conversioni. Invece, devi creare un evento separato basato sull'evento page_view che misuri quando qualcuno visualizza la pagina specifica sul tuo sito web. Questo tutorial descrive come misurare quando qualcuno visualizza una pagina di conferma per l'URL http://www.example.com/contact-us-submitted .

Per impostare la conversione, devi creare un evento per la pagina di conferma. Per registrare una conversione ogni volta che qualcuno visualizza una pagina di conferma, crea prima un evento separato utilizzando l' evento page_view . In questo caso, utilizzerai l' evento recommended generate_lead . Dovresti utilizzare l'evento recommended ogni volta che è possibile, anziché eventi personalizzati, per sfruttare le nuove funzionalità di Analytics man mano che diventano disponibili.

1. In Google Analytics, fai clic su Amministrazione.
2. Assicuratevi di essere nel conto e con la proprietà corretti.
3. Nella colonna Proprietà, fare clic su Eventi.
4. Fai clic su Crea evento e poi su Crea. Se non vedi il pulsante Crea evento, non hai l'autorizzazione per creare eventi.
5. Nel campo Nome evento personalizzato, inserisci un nome per l'evento. In questo esempio, inserisci " generate_lead ".
6. Nella sezione Condizioni di corrispondenza, inserisci la prima condizione di corrispondenza. In questo esempio, inserisci " event_name equals page_view ".
7. Fare clic su Aggiungi condizione.

8. Inserisci la seconda condizione corrispondente. In questo esempio, inserisci " page_location equals https://www.example.com/contact-us-submitted".

9. Nella sezione Configurazione parametri, fai clic due volte su Aggiungi modifica. Poiché stai utilizzando un evento consigliato, devi definire ciascuno dei parametri richiesti. In caso contrario, Google Analytics tratterà l'evento come un evento personalizzato.

10. Nella prima riga, immettere il parametro "valore" e il valore "100" per definire il valore del lead in questo esempio.

11. Nella seconda riga, inserisci il parametro "valuta" e il valore "USD" in questo esempio.

12. Fare clic su Crea.

Quindi contrassegna l' evento come evento chiave (puoi importare gli eventi chiave come conversioni in Google Ads).

1. In Google Analytics, fai clic su Amministrazione.
2. Assicuratevi di essere nel conto e con la proprietà corretti.
3. Nella colonna Proprietà, fare clic su Conversioni.
4. Fare clic su Nuovo evento di conversione.
5. Inserisci il nome del nuovo evento, " generate_lead ".

Per verificare che l'evento di conversione funzioni, vai su Report > Realtime, apri il tuo sito e assicurati di vederti come visitatore, altrimenti potresti dover disattivare la protezione del tracciamento del browser. Una volta che ti vedi, apri la pagina di conferma sul tuo sito web in una nuova scheda o finestra del browser, quindi guarda Realtime > Engagement > Events > Conversions e cerca " generate_lead ". Se vedi l'evento nella scheda, allora Analytics sta trattando l'evento come una conversione.

La Google Analytics Data API ti offre accesso programmatico ai dati dei report di Google Analytics 4 (GA4) e la Reporting API è il metodo programmatico più avanzato per accedere ai dati dei report in Google Analytics, puoi utilizzarla per creare dashboard personalizzate per visualizzare i dati di Google Analytics, automatizzare attività di reporting complesse per risparmiare tempo o integrare i tuoi dati di Google Analytics con altre applicazioni aziendali. In conclusione, l'impostazione di Google Analytics è un passaggio importante, non solo per esaminare i visitatori del sito Web, ma soprattutto per monitorare le conversioni e sapere qual era la fonte, ad esempio la campagna pubblicitaria, in modo da poter prendere decisioni basate sui dati su quali campagne stanno ottenendo i risultati migliori.

C. Comprensione del comportamento dell'utente

Comprendere il comportamento degli utenti è un aspetto cruciale dell'analisi web ed è essenziale per migliorare le prestazioni del tuo sito web e degli sforzi di marketing digitale. Ecco i passaggi per comprendere il comportamento degli utenti :

1. Identificare le metriche chiave: il primo passo per comprendere il comportamento degli utenti è identificare le metriche chiave che vuoi monitorare, come visualizzazioni di pagina, frequenza di rimbalzo, tempo sul sito e tasso di conversione. Queste metriche ti daranno una comprensione di come gli utenti interagiscono con il tuo sito web.

2. Analizza i dati: una volta identificate le metriche chiave che vuoi monitorare, puoi analizzare i dati nel tuo strumento di analisi web. Questo ti darà una comprensione di come gli utenti interagiscono con il tuo sito web, quali pagine stanno visitando e come stanno navigando nel tuo sito.

3. Usa i segmenti: i segmenti sono una potente funzionalità nell'analisi web che ti consente

di raggruppare gli utenti in base a caratteristiche specifiche, come posizione, dispositivo e fonte di traffico. Utilizzando i segmenti, puoi ottenere una comprensione più dettagliata di come diversi tipi di utenti interagiscono con il tuo sito.

4. Identificare schemi: analizzando i dati, puoi iniziare a identificare schemi nel comportamento degli utenti , ad esempio quali pagine ricevono più traffico, quali pagine hanno alti tassi di rimbalzo e quali pagine generano conversioni.

5. Ottimizza il tuo sito web: una volta che hai una profonda comprensione del comportamento degli utenti , puoi usare queste informazioni per ottimizzare il tuo sito web. Ad esempio, puoi apportare modifiche per migliorare l'esperienza utente, ridurre i tassi di rimbalzo e aumentare i tassi di conversione.

6. Monitora costantemente: il comportamento degli utenti è in continua evoluzione, quindi è importante monitorare costantemente le prestazioni del tuo sito Web e apportare modifiche quando necessario. Ciò ti aiuterà a rimanere al passo con i tempi e ad assicurarti che il tuo sito Web sia ottimizzato per il comportamento degli utenti .

Comprendere il comportamento degli utenti è un aspetto cruciale dell'analisi web ed è essenziale per migliorare le prestazioni del tuo sito web e degli sforzi di marketing digitale. Migliora il coinvolgimento degli utenti con i test A/B nel marketing digitale!

Se stai cercando di perfezionare il comportamento degli utenti tramite test A/B, ecco come funziona: crea due versioni distinte del contenuto, ciascuna con una singola variabile modificata. Quindi, presenta queste versioni a due pubblici di pari dimensioni e analizza le loro prestazioni in un periodo di tempo specifico (assicurandoti che sia abbastanza lungo per conclusioni affidabili).

Optimizely, una piattaforma di esperienza digitale (DXP) all'avanguardia, consente ai team di marketing di semplificare e migliorare le loro iniziative digitali e le interazioni con i clienti. Fornisce risultati in tempo reale e integrazioni fluide con piattaforme come Salesforce, FullStory , Segment, Contentful CMS e altro, consentendo esperimenti basati sui dati. Migliora le tue strategie di marketing digitale con Optimizely: https://www.optimizely.com/

D. Misurazione della conversione e del ROI

La misurazione della conversione e del ritorno sull'investimento (ROI) sono componenti essenziali dell'analisi web, in quanto ti aiutano a determinare l'efficacia dei tuoi sforzi di marketing digitale. Nel regno del marketing digitale, raggiungere un ROI medio di 5:1 è l'obiettivo ambito, una metrica che indica un ritorno di $ 5 per ogni $ 1 investito in una campagna. Questo parametro di riferimento è considerato leggermente al di sopra della media nel settore. Quantifica la redditività derivante da pubblicità e inserzioni di prodotti complementari rispetto alla spesa sostenuta. Per calcolare il ROI, sottrai i costi totali dai ricavi generati e quindi dividi questa cifra per i costi totali: ROI = (Ricavi - Costo dei beni venduti) / Costo dei beni venduti. Il ROI, o ritorno sull'investimento, insieme ai KPI, o indicatori chiave di prestazione, servono come parametri fondamentali per le aziende per valutare il loro successo nel raggiungimento di obiettivi specifici. Il metodo fondamentale per determinare il ROI di una campagna di marketing è integrarlo nella valutazione più ampia della linea di business. Ciò comporta la sottrazione delle spese di marketing dalla crescita delle vendite della rispettiva attività o linea di prodotti, e la successiva divisione per il costo di marketing. Questo approccio completo dipinge un quadro chiaro dell'efficacia di una campagna nel generare profitti. Ecco i passaggi per misurare la conversione e il ROI:

1. Imposta obiettivi di conversione per eventi chiave: il primo passo per misurare la conversione e il ROI è impostare obiettivi di conversione specifici e misurabili. Potrebbe trattarsi di qualsiasi cosa, dall'effettuare un acquisto, compilare un modulo o scaricare un e-book.

2. Imposta il monitoraggio delle conversioni: una volta impostati gli obiettivi di conversione, devi impostare il monitoraggio delle conversioni nel tuo strumento di analisi web, come Google Analytics. Ciò ti consentirà di tracciare e misurare il numero di conversioni sul tuo sito web.

3. Determina il costo di acquisizione: per misurare il ROI, devi determinare il costo di acquisizione di un nuovo cliente. Questo

include il costo di qualsiasi pubblicità, come gli annunci pay-per-click, così come il costo di creazione e promozione del tuo sito web.

4. Calcola il tasso di conversione: il tasso di conversione è il numero di conversioni diviso per il numero di visitatori del tuo sito web. Questa è una metrica importante da monitorare, poiché ti dà un'idea di quanto bene il tuo sito web sta funzionando in termini di conversioni.

5. Calcola il ROI: per calcolare il ROI, devi sottrarre il costo di acquisizione di un nuovo cliente dal fatturato generato da quel cliente. Questo ti darà un'idea del ritorno sul tuo investimento negli sforzi di marketing digitale.

6. Monitorare e adattare costantemente: è importante monitorare costantemente il tasso di conversione e il ROI, nonché apportare modifiche per migliorarli. Ciò potrebbe comportare apportare modifiche al

sito Web, adattare la strategia pubblicitaria o migliorare il funnel di conversione.

Google Analytics ti consente di misurare il ROI della tua pubblicità e di tracciare i tuoi video, siti e applicazioni di social network. Per importare le conversioni di Google Analytics in Google Ads, devi collegare Analytics e Google Ads.

1. In Google Analytics, fai clic su Amministrazione.
2. Assicuratevi di essere nel conto e con la proprietà corretti.
3. In LINK PRODOTTO, fai clic su Link Google Ads.
4. Fare clic sul collegamento.
5. Fai clic su Scegli account Google Ads, quindi seleziona gli account Google Ads che vuoi collegare. Se non vedi l'account Google Ads che vuoi collegare, potresti non avere le autorizzazioni richieste.
6. Fare clic su Conferma.

7. Fare clic su Avanti.

8. L'opzione Abilita pubblicità personalizzata è attiva per impostazione predefinita.

9. Espandi l'opzione Abilita tagging automatico per abilitare il tagging automatico o lasciare le impostazioni di tagging automatico invariate.

10. Se abiliti il tagging automatico quando ti colleghi a un account gestore, il tagging automatico verrà abilitato su tutti gli account Google Ads direttamente collegati all'account gestore.

11. Fare clic su Avanti, quindi rivedere le impostazioni.

12. Fai clic su Invia per collegare i tuoi account alle impostazioni correnti.

Per importare le conversioni

1. Accedi al tuo account Google Ads.

2. In alto a destra, fai clic su Strumenti e impostazioni Google Ads | Strumenti.

3. Vai a Misurazione > Conversioni.

4. In alto a sinistra, clicca su + Nuova azione di conversione.

5. Fare clic su Importa, selezionare Proprietà di Google Analytics 4, quindi fare clic su Continua.

6. Seleziona ogni evento di conversione che desideri importare, quindi fai clic su Importa e continua.

7. Fare clic su Fine.

La misurazione della conversione e del ROI sono componenti essenziali dell'analisi web, poiché aiutano a determinare l'efficacia dei tuoi sforzi di marketing digitale, consentendoti di monitorare e misurare con precisione il successo delle tue campagne di marketing digitale e di prendere decisioni su come migliorare il tuo sito web e ottenere risultati aziendali migliori.

Domande del quiz di analisi web

1. Qual è l'obiettivo principale dell'analisi web?

A. Per concentrarsi esclusivamente sui numeri del traffico del sito web

B. Per analizzare il comportamento degli utenti per il marketing sui social media

C. Per migliorare l'esperienza dell'utente, aumentare il coinvolgimento e ottimizzare gli sforzi di marketing

D. Per tracciare solo le visualizzazioni di pagina e i visitatori unici

Risposta: C. Per migliorare l'esperienza utente, aumentare il coinvolgimento e ottimizzare gli sforzi di marketing

2. Quale dei seguenti strumenti NON è menzionato come uno strumento comune di analisi web?

A. Analisi di Google

B. Onnitura

C. Ottimizzare

D. Analisi di WordPress

Risposta: D. Analisi di WordPress

3. In che modo Google Analytics può aiutare a monitorare le conversioni per una pagina specifica di un sito web?

A. Contrassegnando automaticamente tutte le visualizzazioni di pagina come conversioni

B. Impostando eventi separati in base all'evento di visualizzazione della pagina

C. Utilizzando un processo in un'unica fase senza alcuna condizione

D. Collegando il sito web con le piattaforme dei social media

Risposta: B. Impostando eventi separati in base all'evento di visualizzazione della pagina

4. Qual è la formula per calcolare il ritorno sull'investimento (ROI) nel marketing digitale?

A. Ricavi - Costo del venduto / Costi totali

B. Costi totali - Ricavi / Costo del venduto

C. Costo del venduto - Ricavi / Costi totali

D. Ricavi / Costo del venduto - Costi totali

Risposta: A. Ricavi - Costo dei beni venduti / Costi totali

5. In che modo l'analisi web può aiutare a ottimizzare le prestazioni di un sito web?

A. Trascurando i modelli di comportamento degli utenti

B. Monitorando costantemente solo il traffico del sito web

C. Analizzando il comportamento dell'utente , identificando modelli e apportando modifiche per migliorare l'esperienza dell'utente

D. Concentrandosi esclusivamente sui tassi di conversione

Risposta: C. Analizzando il comportamento dell'utente , identificando modelli e apportando modifiche per migliorare l'esperienza dell'utente

6. Quale passaggio NON fa parte della configurazione di Google Analytics?
A. Aggiungere una proprietà per rappresentare il sito web
B. Aggiungere un codice di tracciamento univoco a ogni pagina del sito web
C. Verifica dell'installazione tramite strumenti di verifica di terze parti
D. Configurazione di impostazioni specifiche come obiettivi e filtri

Risposta: C. Verifica dell'installazione tramite strumenti di verifica di terze parti

7. Qual è lo scopo di definire obiettivi di conversione nell'analisi web?

A. Per raccogliere semplicemente dati sul traffico del sito web

B. Per impostare eventi per ogni visitatore del sito web

C. Per tracciare azioni specifiche e misurabili come acquisti o invii di moduli

D. Per misurare solo i dati demografici degli utenti

Risposta: C. Per tracciare azioni specifiche e misurabili come acquisti o invii di moduli

8. Quale piattaforma menzionata aiuta a perfezionare il comportamento degli utenti attraverso i test A/B?

A. Analisi Adobe

B. Piwik

C. Ottimizzare

D. Sito web simile

Risposta: C. Ottimizzato

9. In che modo Google Analytics consente l'importazione delle conversioni in Google Ads?

A. Collegandosi a Facebook Ads Manager

B. Installando un plugin di terze parti

C. Integrando con X (ex Twitter)Ads

D. Collegando Analytics e Google Ads e importando le conversioni

Risposta: D. Collegando Analytics e Google Ads e importando gli eventi chiave come conversioni

10. Quale ruolo svolgono le metriche chiave nella comprensione del comportamento degli utenti attraverso l'analisi web?

A. Ostacolano la comprensione dettagliata dell'interazione dell'utente

B. Consentono di segmentare gli utenti senza identificare i comportamenti chiave

C. Aiutano a identificare modelli e interazioni, come visualizzazioni di pagina, tassi di rimbalzo e tassi di conversione

D. Si concentrano esclusivamente sulla quantità di traffico del sito web

Risposta: C. Aiutano a identificare modelli e interazioni, come visualizzazioni di pagina, tassi di rimbalzo e tassi di conversione

IX. Utilizzo dell'intelligenza artificiale nel marketing digitale

A. Panoramica dell'intelligenza artificiale nel marketing digitale

L'intelligenza artificiale (IA) ha rivoluzionato il panorama del marketing digitale, diventando uno strumento indispensabile per i professionisti del marketing che desiderano acquisire un vantaggio competitivo in un mondo digitale in continua evoluzione. Unisciti a noi ed esplora l'impatto trasformativo dell'IA sul settore del marketing.

L'intelligenza artificiale è una branca dell'informatica che consente alle macchine di simulare l'intelligenza umana, imparare dai dati e prendere decisioni basate sui dati senza una programmazione esplicita. Nel contesto del marketing digitale, l'intelligenza artificiale offre capacità senza pari che possono rivoluzionare vari aspetti della strategia e dell'esecuzione del marketing.

Uno dei vantaggi più significativi dell'AI nel marketing digitale è la sua capacità di analizzare grandi quantità di dati alla velocità della luce. Elaborando i dati dei clienti, l'AI può ottenere informazioni approfondite sul comportamento , le preferenze e i modelli dei consumatori. Queste preziose informazioni consentono ai marketer di creare campagne di marketing altamente personalizzate e mirate che risuonano con i singoli clienti, migliorando il coinvolgimento dei clienti e guidando le conversioni.

Gli algoritmi basati sull'intelligenza artificiale svolgono anche un ruolo cruciale nell'automazione delle attività ripetitive e nella semplificazione delle operazioni di marketing. Dalla pubblicità programmatica e chatbot all'email marketing e alla creazione di contenuti, l'intelligenza artificiale può gestire i processi di routine con efficienza e precisione, consentendo ai marketer di concentrarsi su aspetti più strategici e creativi delle loro campagne.

Inoltre, l'AI migliora l'esperienza del cliente tramite chatbot e assistenti virtuali che forniscono supporto in tempo reale, rispondono alle domande e facilitano interazioni fluide con i marchi. Ciò porta a una migliore soddisfazione del cliente e fedeltà al marchio.

Nel capitolo "Utilizzo dell'IA nel marketing digitale", approfondiamo varie applicazioni di IA come analisi predittiva, motori di raccomandazione, analisi del sentiment ed elaborazione del linguaggio naturale. Queste tecnologie di IA all'avanguardia consentono ai professionisti del marketing di anticipare le esigenze dei clienti, fornire contenuti personalizzati e comprendere meglio il sentiment e il feedback dei clienti.

Tuttavia, mentre l'intelligenza artificiale offre un potenziale immenso, è fondamentale per i professionisti del marketing trovare un equilibrio tra automazione e tocco umano. L'elemento umano nel marketing, come creatività, comprensione emotiva ed empatia, rimane insostituibile. Le strategie di marketing digitale di successo sfruttano l'intelligenza artificiale come potente strumento per aumentare le capacità umane e offrire esperienze eccezionali ai clienti.

In questo capitolo, esploreremo i modi innovativi in cui l'intelligenza artificiale sta rimodellando il marketing digitale e consentendo ai marketer di rimanere all'avanguardia nel panorama dinamico e competitivo. Comprendendo il ruolo trasformativo dell'intelligenza artificiale, i lettori acquisiranno preziose conoscenze su come sfruttare appieno il potenziale delle strategie e delle tattiche basate sull'intelligenza artificiale per raggiungere l'efficacia del marketing digitale.

A. Impostazione dell'intelligenza artificiale nel marketing digitale

1. Comprendere l'intelligenza artificiale nel marketing digitale:

Prima di immergerti nell'implementazione, è fondamentale avere una solida comprensione di come funziona l'IA nel contesto del marketing digitale. Esplora i concetti di apprendimento automatico, elaborazione del linguaggio naturale e analisi predittiva per comprendere i principi fondamentali alla base delle strategie di marketing basate sull'IA.

2. Identificare gli obiettivi di marketing:

Inizia definendo obiettivi di marketing chiari che l'AI può aiutarti a raggiungere. Che si tratti di migliorare il coinvolgimento dei clienti, aumentare le conversioni o potenziare la personalizzazione, l'identificazione dei tuoi obiettivi ti guiderà nella selezione degli strumenti e delle tecniche di AI giusti.

3. Scegli gli strumenti e le piattaforme di intelligenza artificiale giusti:

Esiste un'ampia gamma di strumenti e piattaforme AI disponibili per i marketer. Fai ricerche e confronta varie soluzioni per determinare quali si allineano meglio con i tuoi obiettivi di marketing e budget. Ecco alcune delle principali risorse da esplorare:

- IBM Watson: la piattaforma AI di IBM offre una gamma di soluzioni basate sull'AI, tra cui chatbot, analisi del sentiment e ottimizzazione dei contenuti. Visita: https://www.ibm.com/watson

- Google AI: la piattaforma AI di Google fornisce strumenti all'avanguardia per l'elaborazione del linguaggio naturale, il riconoscimento delle

immagini e l'analisi predittiva. Esplora:
https://ai.google

- Salesforce Einstein: la piattaforma CRM basata sull'intelligenza artificiale di Salesforce aiuta i marketer a offrire esperienze personalizzate e insight predittivi. Scopri di più: https://www.salesforce.com/products/einstein/

4. Raccolta, integrazione e sviluppo dei dati:

L'intelligenza artificiale prospera sui dati. Assicurati di avere un sistema di raccolta dati robusto per raccogliere informazioni rilevanti sui clienti. Integra i dati da varie fonti, come sistemi CRM, social media, analisi di siti Web e interazioni con i clienti, per creare un set di dati completo per l'analisi dell'intelligenza artificiale. Puoi sollecitare , eseguire, modificare e distribuire app Web full-stack con: https://bolt.new/ o https://replit.com/

5. Implementare la personalizzazione basata sull'intelligenza artificiale:

Utilizza l'intelligenza artificiale per offrire esperienze personalizzate al tuo pubblico di riferimento. I motori di raccomandazione basati sull'intelligenza artificiale possono suggerire prodotti, contenuti o servizi pertinenti in base alle preferenze individuali, portando a un maggiore coinvolgimento e conversioni.

6. Adottare chatbot e assistenti virtuali:

Integra chatbot e assistenti virtuali basati sull'intelligenza artificiale per fornire supporto in tempo reale ai tuoi clienti. Questi strumenti conversazionali possono migliorare il servizio clienti, rispondere alle domande e guidare gli utenti attraverso il percorso dell'acquirente.

- ChatGPT: ottimo per ottenere risposte immediate, trovare ispirazione creativa, generare contenuti https://openai.com/

- Claude: eccelle in una vasta gamma di compiti, dal dialogo sofisticato alla generazione di contenuti creativi fino alle istruzioni dettagliate https://www.anthropic.com

- Perplexity è un motore di risposta gratuito basato sull'intelligenza artificiale che fornisce risposte accurate, affidabili e in tempo reale a qualsiasi domanda. https://www.perplexity.ai/

7. Monitoraggio e ottimizzazione:

Monitora regolarmente le prestazioni delle tue implementazioni AI e analizza i dati per prendere decisioni basate sui dati. Ottimizza costantemente i tuoi modelli e strategie AI per migliorare efficienza ed efficacia.

Ulteriori risorse online:

- Blog AI di HubSpot: accedi ad articoli e risorse approfonditi su come l'intelligenza artificiale sta trasformando il marketing digitale sul blog AI di HubSpot. Link: https://blog.hubspot.com/marketing/topic/artificial-intelligence

- MOZ AI e Machine Learning: il centro risorse di MOZ offre preziosi approfondimenti su AI e machine learning nel mondo del marketing. Visita: https://moz.com/learn/seo/ai

- Digital Marketing Institute: resta aggiornato sulle ultime tendenze e best practice dell'AI con i corsi incentrati sull'AI del Digital Marketing Institute. Sito web: https://digitalmarketinginstitute.com/

A. Comprendere gli strumenti di intelligenza artificiale nel marketing digitale

In definitiva, devi iniziare a usare gli strumenti AI per comprenderli. Ecco quindi un elenco di fantastici servizi di intelligenza artificiale che ti aiuteranno a stabilire il tuo marketing digitale per il set di strumenti.

1. Chatbot e intelligenza artificiale conversazionale:

I chatbot sono diventati un punto di svolta nell'assistenza clienti e nell'engagement. Questi assistenti virtuali basati sull'intelligenza artificiale possono interagire con i visitatori del sito Web, rispondere alle domande e fornire raccomandazioni personalizzate. ChatGPT di OpenAI è un modello linguistico all'avanguardia che alimenta chatbot e agenti conversazionali. Esplora le capacità di ChatGPT su: https://chat.openai.com/

2. Creazione di contenuti visivi con Canva:

I contenuti visivi sono un pilastro del marketing digitale efficace. Canva è uno strumento di progettazione basato sull'intelligenza artificiale che consente ai professionisti del marketing di creare grafiche straordinarie, post sui social media, infografiche e altro ancora, anche senza competenze di progettazione. Puoi persino creare contenuti in blocco con ChatGPT creando un file CSV con dati come intestazione, linee di tag. Quindi, in Canva, vai su App e fai clic su "Crea in blocco" per caricare il file CSV e importare l'intestazione dei dati della linea di tag, il che significa che ora che hai collegato i dati, sarai in grado di creare un numero quasi illimitato di post sui social media per YouTube o altri canali. Scopri le possibilità creative con Canva su:

https://www.canva.com

3. Soluzioni pubblicitarie basate sull'intelligenza artificiale di Bing:

Bing, il motore di ricerca di Microsoft, offre una gamma di soluzioni pubblicitarie basate sull'intelligenza artificiale che possono migliorare le tue campagne di marketing digitale. Con funzionalità come l'offerta automatizzata e il targeting del pubblico, gli strumenti AI di Bing possono aiutarti a ottimizzare la tua spesa pubblicitaria e a ottenere risultati migliori. Scopri di più su: https://www.bing.com/?/ai

4. L'assistente di scrittura AI di Google - "Google Gemini":

Scrivere contenuti accattivanti e SEO-friendly è essenziale per il successo del marketing digitale. L'assistente di scrittura AI di Google, Gemini, è progettato per aiutare i creatori di contenuti a perfezionare e ottimizzare la loro scrittura. Dalla creazione di titoli accattivanti al miglioramento della leggibilità, Bard offre preziose intuizioni basate sull'AI. Esplora Bard su: https://gemini.google.com/

5. Email marketing basato sull'intelligenza artificiale con Phrasee :

L'email marketing è uno strumento potente nell'arsenale del digital marketer. Phrasee è una piattaforma basata sull'intelligenza artificiale che ottimizza le righe dell'oggetto e il contenuto delle email per aumentare i tassi di apertura e l'engagement. Scatena il potenziale dell'intelligenza artificiale nell'email marketing con Phrasee : https://phrasee.co/

6. Gestione dei social media basata sull'intelligenza artificiale - Hootsuite:

Gestire più piattaforme di social media può richiedere molto tempo. La piattaforma di gestione dei social media basata sull'intelligenza artificiale di Hootsuite aiuta a semplificare la pianificazione, la cura dei contenuti e il coinvolgimento del pubblico. Scopri come Hootsuite può migliorare la tua strategia di social media: https://hootsuite.com/

7. AI per la creazione di immagini - Adobe
Photoshop:

Uno strumento potente è Adobe Photoshop con
Firefly Generative AI, una funzionalità rivoluzionaria
che consente agli utenti di creare, modificare e
migliorare rapidamente le immagini con l'aiuto di
semplici prompt di testo. Adobe Photoshop, un
rinomato software di progettazione grafica, ha
integrato Firefly Generative AI per semplificare il
processo di modifica delle immagini e renderlo più
intuitivo ed efficiente. Con questo strumento basato
sull'intelligenza artificiale, i professionisti del
marketing e i designer possono manipolare
rapidamente le immagini, aggiungere elementi,
rimuovere oggetti o sostituire gli sfondi utilizzando
comandi in linguaggio naturale. Non è più
necessario navigare in menu complessi o ricordare
comandi intricati; al contrario, possono interagire
con il software utilizzando semplici istruzioni in
linguaggio naturale. Per saperne di più sugli

strumenti Adobe: https://www.adobe.com . Ecco 5 suggerimenti di Adobe per iniziare con l'intelligenza artificiale generativa: https://business.adobe.com/blog/the-latest/five-tips-for-getting-started-with-generative-ai

8. AI per la creazione di immagini - Midjourney:

Midjourney è una piattaforma innovativa basata sull'intelligenza artificiale che rivoluziona il modo in cui i marketer digitali creano contenuti visivi. Grazie ai suoi sofisticati algoritmi di intelligenza artificiale, Midjourney può analizzare , interpretare e sintetizzare grandi quantità di dati per creare immagini e video accattivanti e visivamente accattivanti. Questo strumento consente ai marketer di semplificare il processo di creazione dei contenuti, risparmiando tempo e risorse e offrendo immagini di alta qualità che risuonano con il loro pubblico di destinazione.

https://www.midjourney.com

9. Libro "AI Everything" di Peter Woodford

In un mondo in cui gli algoritmi superano in astuzia gli umani e gli script generati dall'intelligenza artificiale lasciano gli scrittori in difficoltà per restare al passo con i tempi, AI Everything si tuffa a capofitto nella straordinaria, e spesso snervante, rivoluzione che sta rimodellando le nostre vite. Pensato per il giovane imprenditore esperto, questo libro svela come l'intelligenza artificiale stia sconvolgendo le industrie, creando fortune e sostituendo posti di lavoro più velocemente di quanto si possa dire "automazione".

Dall'incredibile capacità dell'IA di imitare la creatività ai suoi equilibri etici, questa guida è la tua torcia nella nebbia di un futuro incerto. Con un pizzico di umorismo e un pizzico di stile distopico, AI Everything ti fornisce le intuizioni e le strategie per cavalcare questa ondata tecnologica senza essere inghiottito completamente.

Pronti a prosperare dove altri arrancano? Questo libro offre non solo una lente sul futuro guidato dall'intelligenza artificiale, ma anche un modello per il successo. Allacciate le cinture: il vostro viaggio imprenditoriale verso il futuro inizia qui. **Ci sono circa 100 dei migliori strumenti di intelligenza artificiale trattati in questo libro!**

Kindle

https://www.amazon.com/dp/B0DT9B3F8S

Paperback

https://www.amazon.com/dp/B0DTDM8J5B

Copertina rigida

https://www.amazon.com/dp/B0DTFYM1P6

Le aziende di intelligenza artificiale trasformano il business, la cultura e la vita.

A. Misurazione dell'efficacia e del ROI dell'IA

Poiché l'intelligenza artificiale (IA) continua a svolgere un ruolo fondamentale nella definizione delle strategie di marketing digitale, diventa fondamentale per i professionisti del marketing valutare l'efficacia delle iniziative basate sull'IA e stimare il ritorno sull'investimento (ROI) che generano.

1. Monitoraggio degli indicatori chiave di prestazione (KPI):

Per misurare il successo delle campagne basate sull'intelligenza artificiale, identifica i KPI pertinenti allineati con i tuoi obiettivi di marketing. Ad esempio, se il tuo obiettivo è aumentare il coinvolgimento del sito Web, monitora metriche come percentuali di clic, tempo sulla pagina e percentuali di rimbalzo. Allo stesso modo, per la generazione di lead, monitora il numero di lead qualificati generati tramite chatbot basati sull'intelligenza artificiale o raccomandazioni di contenuti personalizzati.

2. Analisi dei tassi di conversione:

L'intelligenza artificiale può ottimizzare i tassi di conversione personalizzando le esperienze per i singoli utenti. Analizza i tassi di conversione per diversi segmenti e valuta l'impatto della personalizzazione basata sull'intelligenza artificiale sul miglioramento dei tassi di conversione. Strumenti come Google Analytics e piattaforme di analisi basate sull'intelligenza artificiale possono aiutare in questa analisi.

3. Esperimenti di intelligenza artificiale con test A/B:

Esegui test A/B per confrontare le prestazioni delle campagne basate sull'intelligenza artificiale con gli approcci tradizionali. Testa diversi algoritmi di intelligenza artificiale, varianti di contenuto o interazioni con chatbot per determinare la strategia più efficace per raggiungere i tuoi obiettivi di marketing.

4. Feedback dei clienti e analisi del sentiment:

Gli strumenti di analisi del sentiment basati sull'intelligenza artificiale possono valutare il sentiment dei clienti da post sui social media, recensioni e altre fonti. Scopri come i clienti percepiscono le interazioni basate sull'intelligenza artificiale e come influenzano la loro esperienza e la percezione del marchio.

5. Risparmio sui costi ed efficienza:

Valutare l'efficacia in termini di costi dell'implementazione dell'IA confrontando le spese associate ai metodi di marketing tradizionali con le iniziative basate sull'IA. Misurare la riduzione degli sforzi manuali e del tempo risparmiato tramite processi di IA automatizzati.

6. Impatto dell'intelligenza artificiale sul valore del ciclo di vita del cliente (CLV):

Valutare l'impatto dei motori di personalizzazione e raccomandazione basati sull'intelligenza artificiale sulla fidelizzazione dei clienti e sul valore del ciclo di vita. Un CLV più elevato indica un'implementazione di intelligenza artificiale di successo e il suo effetto positivo sulla fidelizzazione dei clienti.

7. Modelli di attribuzione AI:

Utilizza modelli di attribuzione basati sull'intelligenza artificiale per comprendere il contributo dei touchpoint basati sull'intelligenza artificiale nel percorso del cliente. Analizza come le interazioni con l'intelligenza artificiale influenzano le conversioni e assistono nel processo decisionale. Ovviamente, se hai un'app o un sito Web, puoi utilizzare Google Analytics per monitorare le prestazioni del sito Web e comprendere alcuni comportamenti degli utenti . Ma, cosa importante, puoi anche esportare i dati di Google Analytics sulle fonti di traffico, le conversioni e le interazioni degli utenti, ecc., quindi utilizzare ChatGPT per eseguire analisi dei dati, ottenendo informazioni dettagliate. https://analytics.google.com

Salesforce Einstein fornisce ai responsabili del marketing strumenti basati sull'intelligenza artificiale per CRM per analizzare i dati dei clienti, prevedere il comportamento e personalizzare le interazioni per un ROI migliorato.
https://www.salesforce.com/ap/products/einstein/ov erview/

Per sfruttare appieno l'intelligenza artificiale nel marketing digitale, gli addetti al marketing dovrebbero monitorare costantemente nuovi strumenti per migliorare le prestazioni, perché utilizzando le giuste piattaforme di intelligenza artificiale è possibile migliorare notevolmente l'efficacia delle campagne, l'esperienza dei clienti e il ROI delle campagne pubblicitarie.

A. Domande del quiz sull'intelligenza artificiale

1. Qual è un vantaggio significativo dell'intelligenza artificiale nel marketing digitale?

A. Movimentazione manuale di attività ripetitive

B. Elaborazione dati più lenta

C. Approfondimenti limitati sul comportamento dei clienti

D. Analisi di grandi quantità di dati ad alta velocità

Risposta: D. Analisi di grandi quantità di dati ad alta velocità

2. Quali principi fondamentali sono essenziali per comprendere l'intelligenza artificiale nel marketing digitale?

A. Tecnologia blockchain e criptovaluta

B. Apprendimento automatico, elaborazione del linguaggio naturale e analisi predittiva

C. Solo strategie di marketing tradizionali

D. Grafica e montaggio video

Risposta: B. Apprendimento automatico, elaborazione del linguaggio naturale e analisi predittiva

3. In che modo l'intelligenza artificiale contribuisce al coinvolgimento dei clienti nel marketing digitale?

A. Eliminando la necessità di campagne personalizzate

B. Attraverso approfondimenti limitati sulle preferenze dei consumatori

C. Semplificando solo le operazioni di marketing

D. Abilitando campagne altamente personalizzate e mirate

Risposta: D. Abilitando campagne altamente personalizzate e mirate

4. Quale piattaforma basata sull'intelligenza artificiale è specializzata nell'ottimizzazione delle righe dell'oggetto e del contenuto delle email?

A. Einstein di Salesforce

B. Frase

C. Intelligenza artificiale di Google

D. Le soluzioni pubblicitarie AI di Bing

Risposta: B. Frase

5. Qual è l'importanza dei test A/B nella valutazione delle campagne basate sull'intelligenza artificiale?

A. Per confrontare le campagne basate sull'intelligenza artificiale con gli approcci di marketing tradizionali

B. Per eliminare la necessità di analisi del feedback dei clienti

C. Valutare esclusivamente i tassi di conversione

D. Per determinare gli algoritmi di intelligenza artificiale più efficaci

Risposta: A. Per confrontare le campagne basate sull'intelligenza artificiale con gli approcci di marketing tradizionali

6. Quale strumento di intelligenza artificiale è specializzato in conversazioni e interazioni con chatbot?
A. Adobe Photoshop con Firefly Generative AI
B. A metà viaggio
C. ChatGPT
D. Tela

Risposta: C. ChatGPT

7. In che modo l'intelligenza artificiale contribuisce all'ottimizzazione della creazione di contenuti visivi?
A. Concentrandosi esclusivamente sulla creazione di contenuti basati sul testo

218

B. Attraverso la creazione di progetti grafici complessi

C. Analizzando e sintetizzando i dati per immagini e video accattivanti

D. Fornendo solo modelli di progettazione di base

Risposta: C. Analizzando e sintetizzando i dati per immagini e video accattivanti

8. Cosa dovrebbero monitorare i professionisti del marketing per valutare il successo delle campagne basate sull'intelligenza artificiale?

A. Solo la riduzione degli sforzi manuali

B. Solo risultati dei test A/B

C. Feedback dei clienti, analisi del sentiment e tassi di conversione

D. Risparmio sui costi ed efficienza

Risposta: C. Feedback dei clienti, analisi del sentiment e tassi di conversione

9. Quale piattaforma fornisce strumenti basati sull'intelligenza artificiale per consentire al CRM di prevedere il comportamento e personalizzare le interazioni?

A. Adobe Photoshop

B. Intelligenza artificiale di Google

C. Einstein di Salesforce

D. Tela

Risposta: C. Salesforce Einstein

10. In che modo il testo sottolinea il ruolo dell'intelligenza artificiale nel marketing digitale?

A. L'intelligenza artificiale è menzionata come sostituto della creatività umana nelle strategie di marketing

B. Evidenzia che l'intelligenza artificiale è l'unico fattore determinante per il successo di una campagna di marketing

C. Sottolinea la necessità di bilanciare le capacità dell'intelligenza artificiale con il tocco umano per esperienze eccezionali del cliente

D. Si concentra esclusivamente sugli aspetti tecnici dell'IA senza considerare la sua applicazione nel marketing

Risposta: C. Sottolinea la necessità di bilanciare le capacità dell'intelligenza artificiale con il tocco umano per offrire esperienze eccezionali ai clienti.

X. Strategia di marketing digitale

A. Sviluppo di un piano di marketing digitale

Un piano di marketing digitale è una strategia completa che delinea i passaggi e le tattiche che adotterai per raggiungere il tuo pubblico di riferimento e raggiungere i tuoi obiettivi di marketing. Ecco i passaggi per sviluppare un piano di marketing digitale:

1. Definisci il tuo pubblico di riferimento: il primo passo nello sviluppo di un piano di marketing digitale è identificare il tuo pubblico di riferimento. Ciò include la comprensione dei suoi dati demografici, comportamenti e punti deboli. Queste informazioni informeranno il resto della tua strategia di marketing digitale. Un altro approccio è quello di strappare il regolamento e non dare nulla per scontato sui dati demografici dei tuoi utenti, ma

ottenere la conoscenza dai dati statistici
dopo aver lanciato la tua campagna iniziale.

2. Condurre un'analisi SWOT: un'analisi SWOT
(punti di forza, debolezze, opportunità e
minacce) è uno strumento utile per
determinare la posizione attuale della tua
azienda sul mercato. Ti aiuterà a identificare
i tuoi punti di forza, le tue debolezze, le
opportunità di crescita e le potenziali
minacce.

3. Stabilisci obiettivi di marketing:
Successivamente, devi stabilire obiettivi di
marketing specifici e misurabili. Potrebbe
trattarsi di qualsiasi cosa, dall'aumento del
traffico del sito web, all'incremento delle
vendite o alla creazione di consapevolezza
del marchio.

4. Identifica i canali: una volta impostati gli
obiettivi di marketing, devi identificare quali
canali saranno più efficaci nel raggiungere il
tuo pubblico di riferimento. Ciò potrebbe

includere social media, email marketing, pubblicità a pagamento e altro ancora.

5. Sviluppa una strategia di contenuti: una strategia di contenuti solida è essenziale per qualsiasi piano di marketing digitale. Ciò include la creazione di contenuti di valore e coinvolgenti che parlino direttamente al tuo pubblico di destinazione e supportino i tuoi obiettivi di marketing. Tieni presente che creare un programma di calendario dei contenuti potrebbe aiutare alcuni dipendenti junior, ma richiederlo a manager più esperti potrebbe ostacolare le cose, poiché devono essere flessibili su cosa accade e quando.

6. Determina il budget e assegna le risorse: Infine, devi determinare il tuo budget e assegnare le risorse di conseguenza. Ciò include l'identificazione delle risorse necessarie per eseguire il tuo piano di marketing digitale, come personale, tecnologia e spesa pubblicitaria.

7. Monitorare e adattare costantemente: una volta che il tuo piano di marketing digitale è in atto, è importante monitorare e adattare costantemente la tua strategia in base alle necessità. Ciò potrebbe includere apportare modifiche alla tua strategia di contenuto, adattare il tuo budget o modificare il tuo approccio in base a dati e approfondimenti.

In conclusione, un piano di marketing digitale è una strategia completa che delinea i passaggi e le tattiche che adotterai per raggiungere il tuo pubblico di riferimento e raggiungere i tuoi obiettivi di marketing. Seguendo questi passaggi, puoi sviluppare un piano di marketing digitale solido ed efficace che porterà a risultati aziendali migliori e ti aiuterà a raggiungere i tuoi obiettivi di marketing.

B. Integrazione dei canali

L'integrazione dei canali si riferisce alla combinazione di vari canali di marketing digitale in un modo che massimizzi i loro punti di forza individuali e realizzi una strategia di marketing armonizzata e coesa. Integrando i canali, i marketer possono garantire che ogni canale lavori insieme per supportare un obiettivo comune, sfruttando al meglio i loro sforzi e le loro risorse.

I canali più comuni da integrare sono l'email marketing, il social media marketing, il content marketing, l'ottimizzazione dei motori di ricerca (SEO) e la pubblicità pay-per-click (PPC). Quando si integrano questi canali, è importante tenere a mente i seguenti passaggi:

1. Determina il tuo pubblico di riferimento: comprendere il tuo pubblico di riferimento e le sue preferenze è il primo passo per integrare i tuoi canali di marketing. Ecco

un'ottima lettura su "Come identificare il tuo pubblico di riferimento"

https://www.upwork.com/resources/target-audience

2. Definisci i tuoi obiettivi: identifica gli obiettivi di ciascun canale e determina come si inseriscono nella tua strategia di marketing complessiva.

3. Crea un piano di contenuti: sviluppa un piano di contenuti che sia in linea con la tua strategia di marketing complessiva e integri tutti i canali. "How to Develop a Content Strategy" è disponibile su

https://catsy.com/blog/content-strategy/

4. Stabilire un piano di misurazione: definire parametri per misurare il successo di ciascun canale e il modo in cui contribuiscono al successo complessivo del marketing.

5. Collega i tuoi canali: assicurati che tutti i canali siano collegati, in modo che possano essere integrati e gestiti in modo efficace.

6. Revisione e adeguamento regolari: rivedi regolarmente i tuoi canali di marketing integrati per assicurarti che ottengano i risultati desiderati e apporta le modifiche necessarie.

Integrando i tuoi canali, puoi ottenere una strategia di marketing digitale coesa ed efficace che massimizza l'impatto dei tuoi sforzi e delle tue risorse, portando in ultima analisi a migliori tassi di conversione e un ritorno sull'investimento più elevato. Ecco alcuni esempi di marketing omnicanale, implementati da 10 fantastici marchi https://www.moengage.com/blog/7-brands-who-mastered-omnichannel-marketing-campaigns/

C. Misurazione e ottimizzazione delle campagne

Nel regno del marketing digitale, il processo di misurazione e ottimizzazione delle campagne rappresenta una fase fondamentale. Questo passaggio critico consente ai marketer di valutare meticolosamente l'efficacia dei loro sforzi e di perfezionare le strategie per ottenere il massimo impatto.

Per intraprendere questo viaggio è necessario intraprendere una serie di passaggi strategici:

1. Definisci i tuoi obiettivi: il fondamento di una campagna di successo sta nello stabilire obiettivi chiari e specifici. Questi obiettivi devono essere allineati con lo scopo della tua campagna, che si tratti di aumentare il traffico del sito web o di incrementare le vendite.

2. Scegli le giuste metriche: identificare gli indicatori chiave di prestazione (KPI) appropriati è

fondamentale. Queste metriche devono essere direttamente correlate ai tuoi obiettivi, offrendo una visione completa delle prestazioni della tua campagna. Servono come bussola guida verso il successo.

3. Imposta il monitoraggio: l'implementazione di strumenti di monitoraggio e analisi robusti non è negoziabile. Piattaforme come [Google Analytics](https://analytics.google.com) svolgono un ruolo fondamentale nella valutazione delle prestazioni della campagna. Forniscono un tesoro di dati, fornendo approfondimenti sul comportamento degli utenti , sui canali di acquisizione e sui tassi di conversione.

4. Monitorare le prestazioni: un monitoraggio attento è il perno del successo. Valutare regolarmente le prestazioni della campagna rispetto ai KPI scelti offre preziose informazioni sui suoi progressi. Questo esame analitico è la chiave

per comprendere quanto bene i tuoi sforzi si stanno allineando con i tuoi obiettivi predefiniti.

5. Prendi decisioni basate sui dati: i dati costituiscono la spina dorsale di un processo decisionale informato. Utilizza le informazioni raccolte dal monitoraggio delle prestazioni per guidare le tue decisioni. Questo approccio incentrato sui dati garantisce che gli aggiustamenti e le ottimizzazioni siano radicati in prove empiriche.

6. Testa e ripeti: una cultura di miglioramento continuo è fondamentale. Testa e ripeti rigorosamente vari elementi delle tue campagne. Ciò potrebbe comportare la sperimentazione di diversi testi pubblicitari, l'affinamento dei dati demografici target o l'ottimizzazione del design della landing page. Ogni iterazione ti porta un passo più vicino a una campagna ottimizzata e ad alte prestazioni.

7. Miglioramento continuo: il percorso di misurazione e ottimizzazione delle campagne è continuo. Richiede vigilanza, un approccio incentrato sui dati e un impegno per il perfezionamento. Monitora, misura e ottimizza continuamente le tue campagne, apportando modifiche laddove necessario per raggiungere i tuoi obiettivi e ottenere risultati migliori.

Seguendo questi passaggi, non solo ti assicuri che i tuoi sforzi di marketing digitale siano efficaci ed efficienti, ma ti posizioni anche per i migliori risultati possibili nel panorama digitale in continua evoluzione. Per coloro che si avventurano nelle vendite online, esplora queste piattaforme di e-commerce di alto livello:

- Piattaforma di eCommerce n. 1 per tutte le aziende: https://www.shopify.com

- Web.com offre una varietà di soluzioni per siti web e marketing: https://www.web.com

- Crea un sito web personalizzabile o un negozio online con una soluzione all-in-one: https://www.squarespace.com

- BigCommerce fornisce alle aziende software che le aiutano a configurare e gestire negozi online e mobili, gestire pagamenti e conversioni di valuta: https://www.bigcommerce.com

- WooCommerce è un plugin di e-commerce open source per WordPress: https://www.woocommerce.com

D. Rimanere aggiornati sulle tendenze del settore

Rimanere aggiornati sulle tendenze del settore è un aspetto importante del marketing digitale, in quanto aiuta a garantire che le tue strategie di marketing siano pertinenti ed efficaci. Ecco alcuni modi per rimanere aggiornati sugli ultimi sviluppi nel marketing digitale:

1. Leggi blog e pubblicazioni del settore: tieniti informato leggendo blog del settore, riviste di settore e altre pubblicazioni. Alcune delle principali fonti di notizie e approfondimenti sul marketing digitale includono Search Engine Land https://searchengineland.com/ , MarTech https://martech.org/ , Settimana pubblicitaria https://www.adweek.com/ e Insider Intelligence https://www.insiderintelligence.com/ , Media Post https://www.mediapost.com/

2. Partecipa a conferenze ed eventi: partecipa a conferenze ed eventi in cui puoi ascoltare esperti e fare networking con altri professionisti del settore. Alcuni dei principali eventi di marketing digitale includono DigiMarCon Southeast Asia https://digimarconsoutheastasia.com , il Mar Tech Summit https://themartechsummit.com e il Digital Marketing World Forum

https://www.digitalmarketing-conference.com/ .

3. Segui i leader di pensiero sui social media: segui i leader di pensiero e gli influencer sulle piattaforme dei social media come X (in precedenza Twitter), LinkedIn e Instagram, per rimanere aggiornato sulle loro intuizioni e prospettive sulle ultime tendenze.

4. Unisciti alle community online: partecipa a community e forum online, come gruppi LinkedIn e gruppi Facebook, per rimanere in contatto con altri professionisti e scambiare idee e best practice.

5. Tieniti informato sui cambiamenti tecnologici: il marketing digitale è in continua evoluzione, quindi è importante rimanere informati sui cambiamenti tecnologici, come le nuove piattaforme di social media, l'intelligenza artificiale e l'apprendimento automatico.

Restando aggiornati sulle tendenze del settore, puoi superare la concorrenza e garantire che le tue strategie di marketing digitale siano efficaci e pertinenti nel panorama digitale in continua evoluzione.

Domande del quiz sulla strategia di marketing digitale

Sezione A: Sviluppo di un piano di marketing digitale

1. Qual è il primo passo per sviluppare un piano di marketing digitale?

a) Condurre un'analisi SWOT

b) Definisci il tuo pubblico di destinazione

c) Definire gli obiettivi di marketing

d) Identificare i canali

Risposta: b) Definisci il tuo pubblico di destinazione

2. Quale fase comporta la determinazione del budget e l'allocazione delle risorse in un piano di marketing digitale?

a) Condurre un'analisi SWOT

b) Definizione degli obiettivi di marketing

c) Sviluppo di una strategia di contenuti

d) Determinazione del budget e allocazione delle risorse

Risposta: d) Determinazione del budget e allocazione delle risorse

Sezione B: Integrazione dei canali

3. Qual è il primo passo per integrare i canali di marketing?

a) Creare un piano di contenuti

b) Rivedere e adeguare regolarmente

c) Determinare il tuo pubblico di destinazione

d) Impostazione del monitoraggio

Risposta: c) Determinare il tuo pubblico di destinazione

4. Cosa viene sottolineato come cruciale per l'integrazione dei canali di marketing?

a) Rivedere e adeguare regolarmente

b) Creare un piano di contenuti

c) Impostazione del monitoraggio

d) Collegamento dei canali

Risposta: d) Collegamento dei canali

Sezione C: Misurazione e ottimizzazione delle campagne

5. Cosa funge da bussola guida per il successo nella misurazione delle campagne?

a) Definire gli obiettivi

b) Prendere decisioni basate sui dati

c) Impostazione del monitoraggio

d) Monitoraggio delle prestazioni

Risposta: a) Definire gli obiettivi

6. Quale fase prevede l'implementazione di strumenti di monitoraggio e analisi efficaci?

a) Definire gli obiettivi

b) Prendere decisioni basate sui dati

c) Impostazione del monitoraggio

d) Test e iterazione

Risposta: c) Impostazione del monitoraggio

7. Come possono i professionisti rimanere informati sulle ultime tendenze del settore?

a) Partecipare a conferenze ed eventi

b) Leggere blog e pubblicazioni del settore

c) Seguire i leader di pensiero sui social media

d) Tutto quanto sopra

Risposta: d) Tutte le precedenti

8. Cosa NON viene suggerito come metodo per rimanere informati sulle tendenze del settore?

a) Partecipare a conferenze ed eventi

b) Seguire i leader di pensiero sui social media

c) Basarsi esclusivamente su ipotesi personali

d) Leggere blog e pubblicazioni del settore

Risposta: c) Basandosi esclusivamente su ipotesi personali

XI. Conclusione e futuro del marketing digitale

A. Riepilogo dei concetti chiave

Nella conclusione e nel futuro del Digital Marketing, è importante ricapitolare i concetti chiave trattati. Questi includono una panoramica di vari canali di marketing digitale come Content Marketing, Email Marketing, Affiliate Marketing, Mobile Marketing e Web Analytics.

Hai imparato l'importanza di sviluppare un piano di marketing digitale e di integrare diversi canali per la massima efficacia. È stato anche discusso come misurare il successo di ogni canale attraverso parametri quali tassi di conversione, ritorno sull'investimento (ROI) e parametri di coinvolgimento.

Inoltre, ti sono stati presentati vari strumenti e tecniche per ottimizzare le campagne e rimanere aggiornato sulle tendenze del settore, con l'obiettivo di fornire una comprensione completa del marketing digitale e delle competenze necessarie per sviluppare e implementare una strategia di successo.

Nel panorama digitale in rapida evoluzione, è fondamentale rimanere informati e adattarsi ai cambiamenti. Il futuro del marketing digitale porterà probabilmente nuove tecnologie e innovazioni, rendendo ancora più importante per i marketer formarsi continuamente e rimanere al passo con i tempi.

B. Tendenze future nel marketing digitale

Nella conclusione e nel futuro del Digital Marketing, è importante considerare le tendenze emergenti che plasmeranno il panorama del marketing digitale. Alcune delle tendenze chiave nel marketing digitale includono:

1. Intelligenza artificiale (AI) e apprendimento automatico (ML): AI e ML vengono sempre più integrati nelle strategie di marketing digitale per analizzare grandi quantità di dati e personalizzare le esperienze per i singoli utenti. Ad esempio, segmentazione dei clienti, analisi predittiva, personalizzazione dei contenuti, chatbot e assistenti virtuali, analisi del sentiment, ottimizzazione degli annunci, ottimizzazione della ricerca vocale.

2. Esperienze interattive e immersive: grazie ai progressi della tecnologia, gli addetti al marketing sono ora in grado di creare esperienze interattive e immersive che coinvolgono gli utenti e stimolano le conversioni.

3. Influencer Marketing: la popolarità dell'influencer marketing continua a crescere poiché sempre più marchi si rivolgono agli influencer dei social media per raggiungere il

loro pubblico di riferimento. Oggigiorno ciò include gli influencer AI.

4. Ottimizzazione della ricerca vocale: con la diffusione sempre maggiore della ricerca vocale, è importante che i professionisti del marketing ottimizzino i propri contenuti per la ricerca vocale, per garantire che vengano visualizzati nei risultati di ricerca pertinenti.

5. Video Marketing: il video continua a essere uno strumento potente per coinvolgere il pubblico e guidare le conversioni. I professionisti del marketing continueranno a utilizzare il video in varie forme, tra cui streaming live, video brevi e video a 360 gradi, ma i video interattivi stanno già iniziando, si tratta di programmi TV, film o quiz, ad esempio su Netflix https://www.netflix.com, dove controlli la storia, rispondi alle domande e altro ancora. Alcuni speciali interattivi ti consentono di decidere cosa succede dopo, mentre altri

sono più simili a quiz. Poi presto arriverà l'elaborazione spaziale come con Apple Vision Pro che fonde perfettamente i contenuti digitali con il tuo spazio fisico. https://www.apple.com/apple-vision-pro/

6. Micro-momenti: i professionisti del marketing dovranno concentrarsi sulla cattura dell'attenzione dei clienti nei micro-momenti in cui cercano attivamente informazioni, valutano prodotti o prendono una decisione di acquisto.

Sì, è necessario tenere il passo con queste e altre tendenze emergenti, così come un esperto di marketing digitale sarà più preparato a creare strategie efficaci che generino risultati aziendali e che consentano a te o ai marchi che rappresenti di rimanere un passo avanti rispetto alla concorrenza.

C. Prepararsi per una carriera nel marketing digitale.

In conclusione sul marketing digitale, è importante discutere della preparazione per una carriera nel settore. Ecco alcuni punti chiave da toccare:

1. Continua a imparare: il marketing digitale è un campo in rapida evoluzione ed è essenziale aggiornare continuamente le tue competenze e conoscenze. Rimani aggiornato sulle ultime tendenze e tecnologie leggendo i blog del settore, partecipando a conferenze e webinar e seguendo corsi aggiuntivi.

2. Crea un portfolio: inizia a creare e a mostrare il tuo lavoro, sia tramite un sito web personale che su piattaforme come LinkedIn. Questo ti darà l'opportunità di mostrare le tue competenze e dimostrare la tua competenza a potenziali datori di lavoro.

3. Networking: partecipa a eventi, unisciti a organizzazioni professionali e mettiti in contatto con altri nel settore per ampliare la tua rete di contatti e scoprire opportunità di lavoro.

4. Ottieni esperienza pratica: prendi in considerazione progetti freelance, tirocini o opportunità di volontariato per acquisire esperienza pratica e creare un curriculum di valore.

5. Specializzazione: prendi in considerazione l'idea di specializzarti in un'area specifica del marketing digitale, come l'ottimizzazione sui motori di ricerca (SEO), il marketing sui social media o l'email marketing, per diventare un esperto nel tuo campo e renderti più appetibile per potenziali datori di lavoro.

Seguendo questi passaggi, potrai prepararti in modo efficace per una carriera di successo nel marketing digitale e diventare una risorsa preziosa nel settore.

Ecco un elenco dei migliori siti web che possono essere utili per iniziare una carriera nel marketing digitale:

1. Moz (https://moz.com/) : Moz è un sito Web leader che offre una vasta gamma di risorse, tra cui guide per principianti, tutorial e approfondimenti del settore. Copre vari aspetti del marketing digitale, tra cui SEO, content marketing e social media.

2. HubSpot Academy (https://academy.hubspot.com/): HubSpot Academy offre una gamma di corsi online gratuiti e certificazioni su inbound marketing, content marketing, social media, email marketing e altro ancora. È una risorsa preziosa per apprendere i fondamenti del marketing digitale.

3. Cresci con Google (https://grow.google): scopri corsi di formazione e strumenti per far crescere la tua attività e la tua presenza online e acquisisci competenze digitali per far crescere la tua carriera e qualificarti per lavori richiesti.

4. Peter Woodford (http://www.peterwoodford.com/): Peter Woodford è un rinomato esperto di marketing digitale che può aiutarti a impostare campagne pubblicitarie online su più piattaforme e darti idee su come migliorare il contenuto e il design del sito web per aumentare le conversioni.

5. Social Media Examiner (https://www.socialmediaexaminer.com/): Social Media Examiner è un sito web popolare incentrato sul marketing dei social media. Offre articoli approfonditi, tutorial e report di settore per aiutarti a rimanere

aggiornato sulle ultime tendenze e strategie dei social media.

6. Search Engine Journal (https://www.searchenginejournal.com/) : Search Engine Journal è una risorsa affidabile per i professionisti SEO. Fornisce approfondimenti di esperti, notizie e guide su ottimizzazione dei motori di ricerca, pubblicità a pagamento, content marketing e altri argomenti di marketing digitale.

7. Content Marketing Institute (https://contentmarketinginstitute.com/): Content Marketing Institute offre risorse e approfondimenti preziosi sul content marketing. Copre argomenti come strategia dei contenuti, creazione, promozione e misurazione.

8. DigitalMarketer (https://www.digitalmarketer.com/) : DigitalMarketer è una risorsa completa per strategie e tattiche di marketing digitale.

Offre programmi di formazione, certificazioni
e una vasta gamma di contenuti di blog su
vari aspetti del marketing digitale.

9. Blog Ahrefs (https://ahrefs.com/blog/): il
blog Ahrefs fornisce preziosi spunti su SEO
e marketing digitale. Copre argomenti come
la ricerca di parole chiave, l'analisi dei
backlink e la ricerca dei competitor.

10. Con Indeed (https://www.indeed.com), puoi
cercare milioni di lavori online per trovare il
passo successivo nella tua carriera. Con
strumenti per la ricerca di lavoro, curriculum,
recensioni aziendali e altro ancora.

Copyright

www.ingramcontent.com/pod-product-compliance
Lightning Source LLC
Chambersburg PA
CBHW071418050326
40689CB00010B/1894

* 9 7 9 8 3 0 6 6 2 9 2 7 8 *